Inadimplemento salarial

qualificado

Victor Hugo Fonseca Carvalho
Mestre em Direito do Trabalho pela UERJ e Procurador do Trabalho.

INADIMPLEMENTO SALARIAL

QUALIFICADO

LTr 80

LTr EDITORA LTDA.

© Todos os direitos reservados

Rua Jaguaribe, 571
CEP 01224-003
São Paulo, SP — Brasil
Fone (11) 2167-1151
www.ltr.com.br
Agosto, 2016

Produção Gráfica e Editoração Eletrônica: Pietra Diagramação
Projeto de capa: Fabio Giglio
Impressão: Paym Gráfica

Versão impressa — LTr 5461.9 — ISBN 978-85-361-8933-8
Versão digital — LTr 8991.5 — ISBN 978-85-361-8943-7

Dados Internacionais de Catalogação na Publicação (CIP)
(Câmara Brasileira do Livro, SP, Brasil)

Carvalho, Victor Hugo Fonseca

Inadimplemento salarial qualificado / Victor Hugo Fonseca Carvalho. – São Paulo : LTr, 2016.

Bibliografia

1. Direito do trabalho 2. Direito do trabalho – Brasil 3. Inadimplemento - Brasil 4. Inadimplemento contratual 5. Salários - Legislação - Brasil I. Título.

16-03287 CDU-34:331.2

Índice para catálogo sistemático:
1. Salários : Direitos do trabalho 34:331.2

Dedico este trabalho à minha família, recentemente acrescida de um novo membro: minha filha Júlia.

SUMÁRIO

Introdução...9
Capítulo I – O Salário como Direito Fundamental......................................11
1.1 O conceito de salário...11
1.2 A importância da proteção ao salário..12
1.3 O salário como direito fundamental social..15
1.4 As desigualdades sociais no Brasil em tempos atuais............................23
1.5 A ordem econômica e a autonomia privada..25
1.6 Punição do inadimplemento salarial qualificado e a valorização do salário do trabalhador..28
Capítulo II – Obrigações e Contrato Individual de Trabalho....................33
2.1 Obrigações civis e obrigações trabalhistas. Diferenças..........................33
2.2 A boa fé e a moral na relação contratual. Contrato individual de trabalho..........36
2.3 Características do contrato individual de trabalho...................................38
2.4 Exceção do contrato não cumprido...40
2.5 Comutatividade do contrato individual de trabalho..................................41
2.6 Conceito de Inadimplemento...43
2.7 Inadimplemento das Obrigações Civis..47
2.8 Inadimplemento das obrigações do empregador relativas ao pagamento de salário e suas consequências..48
Capítulo III – Inadimplemento Salarial Qualificado...................................51
3.1 Inadimplemento salarial qualificado...51
3.2 Abuso do direito...52
3.3 Abuso do direito e inadimplemento salarial qualificado...........................58
3.4 Inadimplemento salarial qualificado e o ato ilícito...................................60
3.5 Privilégio do Crédito Trabalhista..62
3.6 Inadimplemento salarial qualificado e comutatividade do contrato de trabalho..66
3.7 Inadimplemento salarial qualificado e rescisão indireta do contrato de trabalho..67
3.8 Inadimplemento salarial qualificado. *Dumping* social. Decreto-Lei n. 368/1968...67
Capítulo IV – Inadimplemento salarial qualificado. Conclusões e propostas de enfrentamento..73
Referências Bibliográficas..79

INTRODUÇÃO

O presente trabalho foi pensado a partir da verificação da realidade brasileira em que o trabalhador tem sonegados os seus direitos pelo empregador e apenas ao término do contrato de trabalho, quando muitas das verbas a que faz jus estão prescritas, vai em busca do reconhecimento dos seus direitos.

Não se pode afirmar que o descumprimento da ordem jurídica no tocante aos direitos trabalhistas seja generalizado, ou seja, não se pode de maneira simplista afirmar que todos os empregadores são usurpadores dos direitos dos trabalhadores. O descumprimento da legislação do trabalho por alguns, porém, não vem encontrando a repressão suficiente para inibir condutas ilícitas futuras.

Neste contexto, sobretudo os salários e verbas de natureza salarial, por implicarem em custos, vêm sendo sonegados.

O deliberado inadimplemento salarial, com vistas a reduzir encargos, só pode ser explicado em um contexto econômico em que o pleno emprego não foi alcançado. A existência de mão de obra abundante no mercado para substituir a mão de obra ocupada é fator que possibilita a sonegação de direitos por parte dos empregadores.

A economia brasileira, ineficiente no alcance do pleno emprego, possibilita a substituição da massa de empregados mais caros e mais "velhos" por novos empregados mais baratos.

Os trabalhadores dispensados buscarão na Justiça do Trabalho a reparação por anos de horas extras sonegadas, verbas salariais suprimidas etc. Ao fim do processo judicial, moroso e caro para o Estado e para o trabalhador, mas barato e conveniente para o empregador, a empresa terá zerado a sua conta, contabilizando como lucro os direitos suprimidos.

Sob este enfoque, há a necessidade de se enquadrar o conceito do salário como um direito fundamental social, além de se tratar de uma contraprestação ao trabalho ou ao tempo à disposição da empresa.

Houve também a necessidade de se estudar as obrigações civis e, a partir dos conceitos extraídos deste estudo, utilizá-los no campo das obrigações do Direito do Trabalho. As obrigações civis e as que têm como fonte o Direito do Trabalho possuem diferenças significativas que também foram investigadas sem qualquer pretensão de esgotamento do tema, que, por si só, seria objeto de uma dissertação de mestrado ou mesmo tese de doutorado.

Assim, pôde-se, a partir dos conceitos extraídos da teoria geral das obrigações, aprofundar o estudo do inadimplemento salarial e se conceituar o inadimplemento salarial qualificado à luz da ordem jurídica vigente sem maiores invenções ou pretensiosas revoluções.

Capítulo I
O Salário como Direito Fundamental

1.1 O conceito de salário

No Direito do Trabalho, o salário é conceituado por muitos doutrinadores como a contraprestação ao trabalho efetuado[1].

A obrigação de pagar salário seria, portanto, para muitos doutrinadores do Direito do Trabalho, tipicamente derivada do contrato de trabalho, mesmo nos casos em que o conteúdo contratual é reduzido pelo fenômeno denominado dirigismo contratual[2].

Leciona Mauricio Godinho Delgado: "o salário, no Direito brasileiro, pode ser conceituado como o conjunto de parcelas contraprestativas pagas pelo empregador ao empregado em decorrência da relação de emprego."[3]

Amauri Mascaro Nascimento enumera quatro teorias para a definição da natureza jurídica do salário: a teoria do crédito alimentício, teoria do direito de personalidade, teoria da contraprestação do trabalho e teoria do crédito[4].

Pela teoria do crédito alimentício, o salário teria a função de garantir o sustento do trabalhador e de sua família. Pela teoria do direito de personalidade,

---

(1)"Os economistas ainda não chegaram a acordo na conceituação do salário. Se, para alguns, é simplesmente o preço do trabalho, para outros, não passa de meio de subsistência do trabalhador. Há ainda, como observa BARASSI, quem veja no salário a parte reservada ao trabalhador sobre o capital do empregador, paga antecipadamente sobre o produto da venda da mercadoria. Pouco importa, porém, a noção econômica. Do ponto de vista jurídico, o salário é elemento integrante do contracto de trabalho, da relação de emprego, como a contraprestação do trabalho efectuado. É importante assinalar a natureza contractual do salário, para que fiquem bem precisadas as suas características e contornos, com fixação exacta de consequências, como, a seu tempo, se verá." GOMES, Orlando. *O salário no direito brasileiro*. Obra publicada pela primeira vez em 1947. São Paulo: LTr,1996. p. 16.
(2) "Quase sempre, porém, a invasão das normas compulsórias ao terreno consensual não se espraia contra a vontade de ambas as partes. Na realidade, a lei coagindo a hipersuficiência do empregador está, em última análise, embora pareça contraditório, zelando pelo equilíbrio indispensável à vida normal do próprio contrato. A intervenção legal nas relações privadas de trabalho, inspirada na defeza (sic) da pessoa humana em luta com o fato econômico bruto, tem nítido caráter público porquê, entre outros motivos de realce, a quantidade de cidadãos ameaçados pela força não lapidada do capital é tal que encerra uma ameaça à paz coletiva." CATHARINO, José Martins. *Tratado Jurídico do Salário*. Freitas Bastos: Rio de Janeiro, 1951. p. 66.
(3) E continua logo a seguir: "O caráter contraprestativo do salário é qualidade importante a ser destacada nesta parcela trabalhista. O salário surge, atua e se justifica contratualmente como instrumento central de contraprestação pelo empregador ao empregado em virtude da relação de emprego." DELGADO, Mauricio. *Salário Teoria e Prática*. Belo Horizonte: Del Rey, 1997. p. 24/5.
(4) NASCIMENTO, Amauri Mascaro. *O salário no Direito do Trabalho*. São Paulo: LTr, 1975. p. 28.

supostamente ligada à Declaração Universal dos Direitos do Homem de 1948, o salário teria a função de garantir a existência digna. Pela teoria do crédito, o salário seria um mero crédito do empregado frente ao seu empregador.

O autor deixa clara, em outra obra sobre o tema[5], sua preferência pela teoria da contraprestação. As duas primeiras teorias são rechaçadas pelo autor por poderem exceder os limites do contrato de trabalho, já que o limite do salário seria, ora a satisfação das necessidades do trabalhador, ora o alcance da existência digna, situação que geraria incerteza jurídica e poderia esgotar os recursos da empresa.

Portanto, a definição do salário como contraprestação ao trabalho ou contrato de trabalho é adotada por diversos autores que estudaram o tema salário.

Além da sua natureza contratual e de contraprestação ao trabalho ou ao contrato de trabalho – nos casos em que não há efetivo trabalho nem tempo à disposição da empresa – o salário possui estreita relação com o princípio da dignidade da pessoa humana, caracterizando-se também como direito fundamental social.

É o que se pretende demonstrar neste capítulo.

1.2 A importância da proteção ao salário

O artigo 6º da CRFB/88 elenca o direito ao trabalho no rol dos direitos sociais. No artigo 7º, inciso IV a Constituição estabelece que o salário mínimo atenderá às necessidades vitais básicas do trabalhador e de sua família, ou seja, o salário mínimo deveria ser fixado em nível adequado para garantir ao trabalhador e sua família o mínimo existencial.

A realidade brasileira em que o salário mínimo não garante patamar digno de vida, porém, não retira a natureza fundamental do salário e sua estreita relação com princípio da dignidade humana, elencado no art. 1º, inciso IV da Constituição como fundamento da República.

Neste diapasão, a proteção ao salário, não só do nível salarial, mas do próprio pagamento pontual e integral é direito fundamental.

A doutrina social da Igreja Católica foi uma das primeiras doutrinas a preconizar a necessidade de se garantir ao trabalhador uma remuneração

---

(5) NASCIMENTO, Amauri Mascaro. *Teoria Jurídica do Salário*. São Paulo: LTr, 1997. p. 107.

justa para lhe assegurar uma vida digna[6]-[7]. Embora não fosse adotado o conceito "direito fundamental ao salário", havia a adoção expressa por parte de diversos documentos da Igreja Católica do caráter alimentar do salário.

O caráter fundamental do direito ao salário e sua correlação ao princípio da dignidade da pessoa humana não podem ser esquecidos nos dias de hoje, em que se observa que os créditos trabalhistas não são pagos no curso do contrato de trabalho.

Não se pode olvidar que o empregador, por muitas vezes, deixa de efetuar o pagamento pontual dos créditos trabalhistas por diferentes motivos, alguns dos quais serão analisados adiante. O importante é observar que o pagamento pontual do salário é dever do empregador e direito do empregado e a pontualidade do seu pagamento deve ser exigida pelo Estado, entidades sindicais e pelo próprio trabalhador.

Sem a máxima proteção jurídica do salário, a esmagadora maioria da população brasileira não teria como sobreviver com dignidade.

Ainda que existam instrumentos jurídicos de proteção ao salário na ordem jurídica vigente, isso por si só não significa que sejam efetivos e ensejem a constrição do empregador ao pagamento pontual do salário. Muitas vezes o adimplemento salarial segue a lógica do mercado.

As multas administrativas pelo inadimplemento de verbas salariais são baixas além de sujeitas a recursos administrativos e medidas judiciais que na prática fazem com que os maus empregadores nunca sejam punidos pelo inadimplemento salarial.

---

(6) "Pretende-se que o salário, uma vez livremente consentido por um lado e por outro, o patrão, ao pagá-lo, preenche todas as suas obrigações não está mais comprometido com nada."(...) "Que o patrão e o trabalhador façam tantas e tais convenções que lhes aprouver, que eles entrem em acordo principalmente sobre a cifra do salário. Acima de sua livre vontade, há uma lei de justiça natural mais elevada e mais antiga, a saber, que o salário não deve ser insuficiente para fazer com que o trabalhador subsista sóbrio e honesto. Se, constrangido pela necessidade, ou impelido pelo temor de um mal maior, o trabalhador aceitar condições duras que ele não vê como recusar, porque elas lhe foram impostas pelo patrão ou por aquele que fez a oferta do trabalho, sofre uma violência contra a qual a justiça protesta." Encíclica Rerum Novarum do Papa Leão XIII *apud* NASCIMENTO, Amauri Mascaro. *Teoria Jurídica do Salário*. São Paulo: LTr, 1997. p. 20.

(7) "em primeiro lugar deve dar-se ao operário uma remuneração que seja suficiente para o seu sustento e para o da família. É justo também que o resto da família concorra, dê um segundo das suas forças, para o sustento comum de todos, como antes sucedia, especialmente nas famílias de lavradores e também nas de muitos artesãos e pequenos comerciantes; mas também é um crime abusar da idade infantil e da debilidade infantil e da debilidade da mulher." Encíclica Quadragésimo Anno do Papa Pio XI *apud* NASCIMENTO, Amauri Mascaro. *Teoria Jurídica do Salário*. São Paulo: LTr, 1997. p. 20.

Também é importante registrar que nem todos os instrumentos de proteção ao salário, previstos pela ordem jurídica, foram completamente implementados. Basta recordar que o inciso X, do art. 7º da CRFB/88 nunca foi regulamentado pelo legislador infraconstitucional: "Art. 7º. São direitos dos trabalhadores urbanos e rurais, além de outros que visem à melhoria de sua condição social: X - proteção do salário na forma da lei, **constituindo crime sua retenção dolosa**."

Até hoje o referido dispositivo não foi regulamentado em virtude da falta de vontade política e do desprestígio do Direito do Trabalho em tempos de globalização, neoliberalismo e de discurso em defesa de sua flexibilização.

A globalização permite e necessita de intenso fluxo de capitais, de maneira que o capital internacional procura os locais onde haja maior margem de lucros[8]. A maximização de lucros depende do achatamento de salários como observou Marx[9].

O que se esquece, ou não se quer lembrar, é que o Direito do Trabalho no Brasil já está flexibilizado desde sempre[10], ou melhor, nunca atingiu níveis de proteção adequados de forma a garantir ao homem que vive do seu trabalho uma vida digna, salvo raras exceções.

Portanto, diante da realidade de exclusão social que se tem no Brasil hoje, do abismo entre as elites e aqueles que trabalham pelo seu sustento, é impossível falar em flexibilização do Direito do Trabalho.

---

(8) "De outra parte, o capitalismo, inicialmente ordenado no interesse de cada Estado, vai à busca de uma "ordenação internacional" – a ordem econômica internacional – que enseja aos Estados desenvolvidos recolher nos subdesenvolvidos as parcelas de mais-valia já não coletáveis internamente de modo intenso." GRAU, EROS ROBERTO. *A ordem econômica na Constituição de 1988*. 15. ed. São Paulo: Malheiros, 2012. p. 28.
(9) "O valor de uma mercadoria é determinado pela quantidade total de trabalho nela contida. Mas parte dessa quantidade de trabalho é realizada num valor para o qual foi pago um equivalente sob a forma de salário; outra parte é realizada num valor pelo qual não foi pago qualquer equivalente. Parte do trabalho contido na mercadoria é trabalho pago; parte, é trabalho não pago. Portanto, ao vender a mercadoria pelo seu valor, isto é, como a cristalização da quantidade total de trabalho posto nela, o capitalista tem necessariamente de a vender com lucro. Ele não vende apenas aquilo que lhe custou um equivalente, mas vende também o que nada lhe custou, apesar de ter custado trabalho ao seu operário. O custo da mercadoria para o capitalista e o seu custo real são coisas diferentes. Repito, portanto, que os lucros normais e médios são obtidos vendendo as mercadorias, não acima, mas pelos seus valores reais." MARX, KARL. *Salário, preço e lucro*. Tradução Eduardo Sarló. 1. ed. São Paulo: Edipro, 2004. p. 70.
(10) "Só de maneira muito relativizada pode-se concordar com a flexibilização, máxime na América Latina, onde as condições de trabalho, sobretudo os salários, são muito baixos. Como outros têm dito, nesta parte do globo o Direito do Trabalho já está flexibilizado." SILVA, Luiz De Pinho Pedreira da. *Principiologia do Direito do Trabalho*. 2. ed. São Paulo: LTr, 1999. p. 37.

O desmonte do Direito do Trabalho é uma ideia concebida e importada de países desenvolvidos onde o patamar de vida dos trabalhadores é muito superior aos níveis brasileiros. Nestes países, a organização sindical é outra, assim como os níveis educacionais da população, fatores que possibilitam certo equilíbrio na negociação coletiva e autorregulamentação pelas partes das relações de trabalho.

No Brasil, ainda se faz e por muito tempo ainda se fará necessário um Direito do Trabalho composto por normas inderrogáveis pela vontade das partes, limitando uma liberdade contratual irrestrita que refletiria uma vontade que seria meramente formal nas relações de trabalho brasileiras[11].

Nesta senda, o Direito do Trabalho no Brasil com instrumentos de proteção ao salário é um importante mecanismo para o alcance dos objetivos fundamentais da República previstos no art. 3º, inciso I e III da CRFB/88: construir uma sociedade livre, justa e solidária, erradicar a pobreza e a marginalização e reduzir as desigualdades sociais e regionais.

1.3 O salário como direito fundamental social

Trabalho e salário são cara e coroa do vínculo contratual de trabalho, conforme leciona José Martins Catharino[12], ou seja, onde existe trabalho deve haver a necessária contraprestação sob a forma de salário.

Mas não é só isso, se o direito ao trabalho é um direito fundamental social, o salário dele decorrente também é.

Como já foi observado em linhas pretéritas, a doutrina social da Igreja Católica teve importante papel no reconhecimento de que deveria haver

---

(11) "O argumento da liberdade material tem muito prestígio dentre os adeptos do liberalismo igualitário, e foi defendido por filósofos como Jonh Rawls, economistas como Amartya Sen, assim como por juristas como Robert Alexy e Ricardo Lobo Torres. A ideia fundamental aqui é a de que sem o atendimento de certas condições materiais básicas, esvazia-se a liberdade, pela impossibilidade concreta do seu exercício. A liberdade, segundo esta visão, não se esgota na ausência de impedimentos externos à ação do agente, envolvendo também a possibilidade real do seu exercício. Esta, por sua vez, demanda que sejam garantidas certas condições materiais mínimas para os necessitados." SOUZA NETO, Claudio Pereira de; SARMENTO, Daniel. (Coord). *Direitos Sociais. Fundamentos, Judicialização e Direitos Sociais em Espécie*. 2ª Tiragem. Rio de Janeiro: Editora Lumen Juris, 2010. p. 575.

(12) "Trabalho e salário são cara e coroa do vínculo contratual de trabalho. São gêmeos contratuais que coexistem por força da relação jurídica. O salário é o equivalente causal do trabalho. Ambos são tão essenciais ao contrato individual do trabalho como o consenso é para qualquer contrato, não teme afirmar GRECO. Sendo o salário efeito cardeal do contrato (OVIEDO) constitui, justamente com o trabalho, prestação principal, típica e característica." CATHARINO, José Martins. *Tratado Jurídico do Salário*. Freitas Bastos: Rio de Janeiro, 1951. p. 87.

justiça nas relações travadas entre patrão e empregado. Invocava-se nas encíclicas papais a ideia de justiça natural a estabelecer um equilíbrio nas relações entre as partes, justiça que impeliria o patrão a remunerar condignamente o seu empregado.

Serviu a doutrina social da Igreja Católica de inspiração para a elaboração da legislação protetiva dos trabalhadores.

Para Oscar Vilhena Vieira[13] "ter um direito é ser beneficiário de deveres de outras pessoas ou do Estado."

Para cada direito há um dever correlato de outrem, seja um dever por parte do Estado ou de um particular.

Os direitos seriam formados por três elementos básicos: sujeito ou titular, o interesse ou valor protegido e o responsável pela obrigação[14]. Os direitos significam que alguns valores e interesses devem ser protegidos por meio de uma ação ou omissão dos demais membros da sociedade ou pelo Estado.

Para Oscar Vilhena Vieira[15] "Direitos fundamentais" é a denominação comumente empregada por constitucionalistas para designar o conjunto de direitos da pessoa humana expressa ou implicitamente reconhecidos por uma determinada ordem constitucional. A Constituição de 1988 incorporou esta terminologia para designar sua generosa carta de direitos. Embora incorporados pelo direito positivo, os direitos fundamentais continuam a partilhar de uma série de características com o universo moral dos direitos da pessoa humana. Sua principal distinção é a positividade, ou seja, o reconhecimento por uma ordem constitucional em vigor."

No Brasil, ao contrário do que ocorre na Alemanha[16], há diversos direitos fundamentais sociais expressos, conforme se depreende da leitura do

---

(13) "Temos direitos a coisas distintas, como educação, saúde, propriedade, liberdade de expressão, voto ou prestação jurisdicional. Para cada um desses direitos existirão distintas formas de deveres. Nesse sentido, é muito difícil falar em direito sem imediatamente pensar em uma ou várias obrigações. Destaque-se, ainda, que para cada um desses direitos há distintas pessoas ou instituições que estarão obrigadas a respeitá-los ou garanti-los. Há direitos que obrigam apenas uma pessoa, como o direito à educação básica, expresso em nossa Constituição. Há direitos que, por sua vez, criam obrigações universais, ou seja, que obrigam todas as pessoas e instituições." VIEIRA, Oscar Vilhena. *Direitos Fundamentais. Uma leitura da Jurisprudência*. São Paulo: Editora Malheiros, 2006. p. 19/20.
(14) VIEIRA, Oscar Vilhena. *Direitos Fundamentais. Uma leitura da Jurisprudência*. São Paulo: Editora Malheiros, 2006. p. 21.
(15) VIEIRA, Oscar Vilhena. *Direitos Fundamentais. Uma leitura da Jurisprudência*. São Paulo: Editora Malheiros, 2006. p. 36.
(16) "Já se demonstrou que a Constituição alemã, com pouquíssimas exceções, não contém direitos fundamentais sociais formulados de maneira expressa; mesmo assim discute-se, com grande empenho e veemência, se, em caso afirmativo, quais direitos fundamentais sociais são por ela garantidos." ALEXY, Robert. *Teoria dos Direitos Fundamentais*. Tradução: Virgílio Afonso da Silva. São Paulo: Malheiros, 2008. p. 500.

rol do art. 6º da Constituição de 1988. Basta ao intérprete imprimir eficácia aos diversos dispositivos constitucionais esparsos que tratam de direitos fundamentais sociais na Constituição de 1988. A maior barreira contra a efetividade dos direitos fundamentais dos trabalhadores no Brasil não está relacionada a dúvidas quanto a sua existência, mas sim a fatores de ordem econômica e política.

Robert Alexy[17] defende que o principal argumento a favor dos direitos fundamentais sociais é o argumento da liberdade. A liberdade não é verdadeira se o indivíduo encontra-se privado de concretamente exercer a liberdade jurídica garantida pela Carta Fundamental.

Uma dificuldade para se reconhecer o direito ao salário como verdadeiro direito fundamental social[18] é a definição dos direitos fundamentais sociais formulada pelo próprio Robert Alexy como "direitos a prestações em sentido estrito do indivíduo em face do Estado."

Ora, o direito ao salário é um direito em face do empregador, cabendo ao Estado apenas em segundo plano garanti-lo por meio do reconhecimento judicial do direito ao recebimento do salário ou por meio do aparelhamento dos órgãos de fiscalização estatal.

A definição de direitos fundamentais sociais no Brasil, à luz da Constituição de 1988, deve ser mais ampla do que a consagrada na doutrina internacional, voltada para o estudo de outra ordem jurídica.

O direito ao salário é direito fundamental social porque direitos fundamentais sociais não se resumem aos prestados aos indivíduos pelo Estado. Na ordem jurídica vigente no Brasil este conceito estende-se aos direitos consagrados na Constituição a cargo de particulares.

A Constituição de 1988 expressamente garante o direito ao salário e impõe o seu adimplemento, uma vez que classifica a retenção dolosa do salário como crime.

O conceito de direitos fundamentais sociais no Brasil deve romper com os tradicionais conceitos formulados por doutrinadores de outros países, que estudam realidade bem diferente da brasileira.

Ainda que não se compreenda a existência de um direito fundamental social que tenha como principal devedor um particular, tal qual o direito

---

(17) ALEXY, Robert. *Teoria dos Direitos Fundamentais*. Tradução: Virgílio Afonso da Silva. São Paulo: Malheiros, 2008. p. 503.
(18) ALEXY, Robert. *Teoria dos Direitos Fundamentais*. Tradução: Virgílio Afonso da Silva. São Paulo: Malheiros, 2008. p. 499.

fundamental ao salário, no Brasil tem sido preconizada a ideia de que os direitos fundamentais geram efeitos nas relações entre particulares.

A doutrina e a jurisprudência têm reconhecido que os direitos fundamentais não são apenas direitos de defesa contra ações arbitrárias do Estado que impliquem em violações à esfera individual do cidadão, como corolário do direito à segurança, presente no ideário dos movimentos que culminaram na Revolução Francesa e outros movimentos liberais do século XVIII[19].

Os direitos fundamentais são aplicáveis também nas relações entre particulares, uma vez que, não apenas o Estado, mas também os particulares podem vulnerar os direitos dos seus concidadãos[20].

Para alguns autores, o papel dos particulares na implementação dos direitos seria mais indireto, de maneira que os particulares teriam o dever de respeitar os direitos dos outros enquanto que o Estado teria a obrigação de garanti-los efetivamente[21].

No Brasil, não se aplicam as principais críticas à eficácia horizontal dos direitos fundamentais, já que a Constituição Brasileira, ao contrário da Constituição de outros países, não vinculou apenas o Estado aos direitos fundamentais[22].

Assim, depreende-se a incidência direta, nas relações entre particulares, do direito fundamental ao salário digno como corolário do valor social do trabalho constitucionalmente consagrado (art. 1º, IV, CRFB/88), e dos artigos 6º, 7º, inciso IV e art. 170, *caput*, todos da Constituição.

---

(19) SILVA, Virgílio Afonso da. *A constitucionalização do direito*. Os direitos fundamentais nas relações entre particulares. São Paulo: Malheiros Editores, 2005. p. 137.
(20) "Se se parte do pressuposto de que essa chamada "expansão" na produção dos efeitos dos direitos fundamentais não é, de fato, uma expansão, mas um mero desenvolvimento do direito à segurança, contido na ideia nuclear da revoluções do século XVIII, deixa de ser imprescindível recorrer a uma teoria de valores ou a outro tipo de esforço teórico para fundamentar esses efeitos." Silva, Virgílio Afonso da. *A constitucionalização do direito*. Os direitos fundamentais nas relações entre particulares. São Paulo: Malheiros Editores, 2005. p. 138.
(21) "De forma genérica, no entanto, pode-se dizer que o Estado tem a obrigação não apenas de respeitar os direitos fundamentais como, também, de garanti-los. Já aos indivíduos cumpre primeiramente respeitar os direitos dos demais, sem que tenham o mesmo ônus que o Estadona garantia destes direitos. O papel dos indivíduos na garantia dos direitos é mais indireto. Quando pagamos nossos tributos estamos realizando nossas obrigações correlatas à garantia de um sem-número de direitos." VIEIRA, Oscar Vilhena. *Direitos Fundamentais*. Uma leitura da Jurisprudência. São Paulo: Editora Malheiros, 2006. p. 47.
(22) "A Constituição alemã, em seu art. 1, III, prevê expressamente que os direitos fundamentais "vinculam os Poderes Legislativo, Executivo e Judiciário." SILVA, Virgílio Afonso da. *A constitucionalização do direito*. Os direitos fundamentais nas relações entre particulares. São Paulo: Malheiros Editores, 2005. p.140.

Tal direito deve ser efetivado no dia a dia por meio da satisfação do crédito oriundo da prestação de trabalho de maneira integral e pontual, uma vez que o salário é o equivalente causal do trabalho. Aliás, o art. 7º, IV da CRFB/88 não deixa dúvidas de que o direito ao salário é direito fundamental e que ele deve ainda atender a um mínimo vital.

Porém, se outros direitos fundamentais sociais, tais como o direito fundamental à saúde, alcançaram relativo prestígio e reconhecimento na última década[23], em sentido inverso caminha o direito fundamental ao trabalho digno e a sua consequência lógica que é o recebimento do salário correlato ao trabalho realizado.

O trabalho em tempos de neoliberalismo e globalização, superado o Estado de bem-estar social, vem se (re)aproximando mais e mais do *status* de mercadoria e o patamar remuneratório, bem como o mero adimplemento pelo trabalho realizado seguem a lógica de mercado e a lei da oferta e da procura[24].

Portanto, o pagamento do salário pelo trabalho realizado pelo trabalhador dependerá da possibilidade ou não de serem encontrados trabalhadores no mercado com igual nível de qualificação, aptos a substituírem aqueles que se encontram empregados.

Se houver este excedente de pessoal – situação que em regra ocorre em virtude de não ter sido atingido no Brasil o pleno emprego – simplesmente há o descarte do pessoal empregado, mantendo-se com isso o nível salarial sempre baixo, de forma que os lucros sejam maximizados.

A desvalorização da "mercadoria" trabalho é tão grande no Brasil que o capitalismo consegue a prevalência da lógica de mercado mesmo à luz de regras de ordem pública previstas na Constituição e na legislação do trabalho.

Portanto, ao contrário de alguns direitos sociais – direito à saúde e educação – que encontram barreiras na vagueza do texto constitucional, ou

---

(23) "Em todo o país, tornaram-se frequentes as decisões judiciais determinando a entrega de prestações materiais aos jurisdicionados relacionadas a direitos sociais constitucionalmente positivados. Trata-se de uma mudança altamente positiva, que deve ser celebrada. Atualmente, pode-se dizer que o Poder Judiciário brasileiro "leva a sério" os direitos sociais, tratando-os como autênticos direitos fundamentais, e a via judicial parece ter sido definitivamente incorporada ao arsenal dos instrumentos à disposição dos cidadãos para a luta em prol da inclusão social e da garantia da vida digna." SOUZA NETO, Claudio Pereira de; SARMENTO, Daniel. (Coord). *Direitos Sociais. Fundamentos, Judicialização e Direitos Sociais em Espécie*. 2ª Tiragem. Rio de Janeiro: Editora Lumen Juris, 2010. p. 554.
(24) "Se a procura excede a oferta, os salários sobem; se a oferta excede a procura, os salários afundam-se, apesar de, em tais circunstâncias, poder ser necessário testar o estado real da procura e da oferta, por exemplo, por meio de uma greve ou qualquer outro método." MARX, Karl. *Salário, preço e lucro*. Tradução Eduardo Sarló. 1. ed. São Paulo: Edipro, 2004. p. 42.

na argumentação de que não são exigíveis por falta de conformação legislativa, ou por serem escassos os recursos estatais (reserva do possível fática e jurídica), ou mesmo na necessidade de ações estatais ulteriores, a grande barreira para a efetividade dos direitos fundamentais sociais dos trabalhadores é de ordem política e econômica.

Diferente de outros direitos fundamentais sociais, os direitos fundamentais dos trabalhadores foram constituídos sob a forma de regras[25], caracterizam-se como direitos subjetivos e impõem prestações positivas em face dos empregadores.

Também não há como se invocar a escassez de recursos estatais como óbice para a efetividade dos direitos fundamentais sociais trabalhistas, já que os devedores são os empregadores e não o Estado.

Apenas o que o Estado – especificamente o Estado-juiz – tem de fazer é aplicar os direitos fundamentais sociais, dos quais os trabalhadores são titulares, e que já se encontram positivados sob a forma de regras que visam assegurar o mínimo existencial[26].

Para tanto, não é necessário um ativismo judicial tão grande quanto ao que é necessário para a garantia dos direitos fundamentais sociais à saúde. Contudo, talvez a barreira de ordem política e econômica, sobretudo no Brasil, onde a desvalorização do trabalho é herança de um passado de escravidão muito arraigado à sociedade até os dias atuais seja ainda mais difícil de superar[27].

---

(25) "Regras são, por isso, normas que sempre somente ou podem ser cumpridas ou não-cumpridas. Pelo contrário, princípios são normas que ordenam que algo seja realizado em uma medida tão alta quanto possível relativamente às possibilidades fáticas e jurídicas. Princípios são, por conseguinte, mandamentos de otimização" ALEXY, Robert. *Constitucionalismo Discursivo*. Tradução Luis Afonso Heck. Porto Alegre: Livraria do Advogado, 2007. p. 132.

(26) "O direito ao mínimo existencial corresponde à garantia das condições materiais básicas de vida. Ele ostenta tanto uma dimensão negativa como uma positiva. Na sua dimensão negativa, opera como um limite, impedindo a prática de atos pelo Estado ou por particulares que subtraiam do indivíduo as referidas condições materiais indispensáveis para uma vida digna. Já na sua dimensão positiva, ele envolve um conjunto essencial de direitos prestacionais. Não há, todavia, consenso sobre as prestações que compõem este conjunto, e o meu objetivo aqui não é o de elaborar qualquer tipo de elenco a tal propósito." SOUZA NETO, Claudio Pereira de; SARMENTO, Daniel. (Coord). *Direitos Sociais*. Fundamentos, Judicialização e Direitos Sociais em Espécie. 2ª Tiragem. Rio de Janeiro: Editora Lumen Juris, 2010. p. 576.

(27) "A abolição final só começou a ser discutida no Parlamento em 1884. Só então, também, surgiu ummovimento popular abolicionista. A abolição veio em 1888, um ano depois que a Espanha a fizera em Cuba. O Brasil era o último país de tradição cristã e ocidental a libertar os escravos. E o fez quando o número de escravos era pouco significativo." "...a escravidão era mais difundida no Brasil do que nos Estados Unidos. Lá ela se limitava aos estados do sul, sobretudo os produtores de algodão." "No Brasil, não havia como fugir da escravidão." "No próprio quilombo dos Palmares havia escravos. Não existiam linhas geográficas separando a escravidão da liberdade." "Testamentos examinados por Kátia Mattoso mostram que 78% dos libertos da Bahia possuíam escravos." CARVALHO, José Murilo de. *Cidadania no Brasil*. O longo caminho. 5. ed. Civilização Brasileira: Rio de Janeiro, 2004. p. 47/8.

Basta a análise dos dispositivos constitucionais relacionados a trabalho e o confronto com os demais direitos fundamentais sociais garantidos pela Constituição para verificar que os primeiros possuem um maior grau de concretude e menor vagueza textual[28].

---

(28) Art. 7º São direitos dos trabalhadores urbanos e rurais, além de outros que visem à melhoria de sua condição social: I - relação de emprego protegida contra despedida arbitrária ou sem justa causa, nos termos de lei complementar, que preverá indenização compensatória, dentre outros direitos;

II - seguro-desemprego, em caso de desemprego involuntário;

III - fundo de garantia do tempo de serviço;

IV - salário mínimo, fixado em lei, nacionalmente unificado, capaz de atender a suas necessidades vitais básicas e às de sua família com moradia, alimentação, educação, saúde, lazer, vestuário, higiene, transporte e previdência social, com reajustes periódicos que lhe preservem o poder aquisitivo, sendo vedada sua vinculação para qualquer fim;

V - piso salarial proporcional à extensão e à complexidade do trabalho;

VI - irredutibilidade do salário, salvo o disposto em convenção ou acordo coletivo;

VII - garantia de salário, nunca inferior ao mínimo, para os que percebem remuneração variável;

VIII - décimo terceiro salário com base na remuneração integral ou no valor da aposentadoria;

IX - remuneração do trabalho noturno superior à do diurno;

X - proteção do salário na forma da lei, constituindo crime sua retenção dolosa;

XI - participação nos lucros, ou resultados, desvinculada da remuneração, e, excepcionalmente, participação na gestão da empresa, conforme definido em lei;

XII - salário-família para os seus dependentes;

XII - salário-família pago em razão do dependente do trabalhador de baixa renda nos termos da lei; (Redação dada pela Emenda Constitucional n. 20, de 1998)

XIII - duração do trabalho normal não superior a oito horas diárias e quarenta e quatro semanais, facultada a compensação de horários e a redução da jornada, mediante acordo ou convenção coletiva de trabalho;

XIV - jornada de seis horas para o trabalho realizado em turnos ininterruptos de revezamento, salvo negociação coletiva;

XV - repouso semanal remunerado, preferencialmente aos domingos;

XVI - remuneração do serviço extraordinário superior, no mínimo, em cinqüenta por cento à do normal;

XVII - gozo de férias anuais remuneradas com, pelo menos, um terço a mais do que o salário normal;

XVIII - licença à gestante, sem prejuízo do emprego e do salário, com a duração de cento e vinte dias;

XIX - licença-paternidade, nos termos fixados em lei;

XX - proteção do mercado de trabalho da mulher, mediante incentivos específicos, nos termos da lei;

XXI - aviso prévio proporcional ao tempo de serviço, sendo no mínimo de trinta dias, nos termos da lei;

XXII - redução dos riscos inerentes ao trabalho, por meio de normas de saúde, higiene e segurança;

XXIII - adicional de remuneração para as atividades penosas, insalubres ou perigosas, na forma da lei;

XXIV - aposentadoria;

Apenas alguns dos direitos garantidos no art. 7º da CRFB/88 dependeriam de conformação legislativa para a produção dos seus efeitos plenos.

Os demais direitos, constantes do rol do art. 7º, são aptos à produção desde logo de todos os seus efeitos, de maneira que os seus titulares poderiam pleiteá-los dos empregadores na Justiça do Trabalho ainda que não houvesse a regulamentação legislativa ulterior.

Já o direito à saúde, para a sua implementação, depende de prévia conformação legislativa e de prestações positivas por parte do Estado administrador:

> Art. 196. A saúde é direito de todos e dever do Estado, **garantido mediante políticas sociais e econômicas** que visem à redução do risco de doença e de outros agravos e ao **acesso universal e igualitário às ações e serviços** para sua promoção, proteção e recuperação.

Apesar disso, ao passo em que diversos juízes reconhecem o direito ao acesso a tratamentos médicos caros sem que fosse possível estender o benefício a todos e sem a dotação orçamentária necessária para tanto, o direito ao aviso-prévio proporcional ficou anos sem regulamentação legislativa e sem reconhecimento judicial acerca da sua plena eficácia.

Ora, com muito mais razão, por exemplo, deveria o empregador ser condenado a conceder o aviso-prévio proporcional do que o Estado a fornecer tratamentos médicos, já que quanto aos direitos trabalhistas não haveria o argumento da escassez de recursos públicos.

Tal compreensão estaria de acordo com o fundamento da República Federativa do Brasil de valorização social do trabalho e o reconhecimento da eficácia plena dos direitos fundamentais sociais trabalhistas que são imprescindíveis para a correção de históricas desigualdades sociais no Brasil.

A existência de diversas normas garantidoras de direitos fundamentais sociais aos trabalhadores constando do texto constitucional sinaliza para o fato de que persiste no Brasil a necessidade de ser mantido o conteúdo imperativo no seio das relações jurídicas trabalhistas.

XXV - assistência gratuita aos filhos e dependentes desde o nascimento até seis anos de idade em creches e pré-escolas;

XXV - assistência gratuita aos filhos e dependentes desde o nascimento até 5 (cinco) anos de idade em creches e pré-escolas; (Redação dada pela Emenda Constitucional n. 53, de 2006)

XXVI - reconhecimento das convenções e acordos coletivos de trabalho;

XXVII - proteção em face da automação, na forma da lei;

XXVIII - seguro contra acidentes de trabalho, a cargo do empregador, sem excluir a indenização a que este está obrigado, quando incorrer em dolo ou culpa (grifo nosso);

1.4 As desigualdades sociais no Brasil em tempos atuais

José Martins Catharino sustentava, em 1951, que a natureza jurídica da relação empregatícia seria eminentemente contratual. Para ele: "O contrato em si é eterno. Pode sofrer, como instrumento renovador do Direito, a sístole e a diástole do curso das ideias, caudalosas ou persistentes, mas sempre será um órgão essencial ao bom funcionamento das relações humanas na sociedade."[29]

E continua: "Nada impede que, no futuro, modificadas as condições atuais, a lei venha a se retrair e a contratação expontânea (*sic*) venha a ressurgir intensamente."

Será, porém, que foram modificadas as condições de vida do trabalhador no período compreendido entre a publicação da obra e os dias de hoje?

Aparentemente, não houve alteração significativa da realidade brasileira no que se refere às condições de vida do trabalhador. A economia brasileira cresceu e deixou os ricos bem mais ricos, mas os pobres receberam pouco desta fatia de crescimento.

Não foram coletados dados estatísticos de 1951, mas se for considerado o intervalo entre 1981 e 2007, o rendimento mensal de todos os trabalhos se elevou de 806 reais (equivalente da moeda da época) para 960 reais[30], ou seja, um crescimento de 19%. Insignificante se for considerado que o PIB nacional correspondia a 634 bilhões de reais em 1981 e atingiu 2005 bilhões no ano de 2007, o que corresponde a um aumento de 216%[31].

Portanto, os ricos estão muito mais ricos e os pobres um pouco menos pobres. Estes dados chocam e demonstram a continuidade da situação de superexploração da massa proletária, agora acompanhada do discurso pela flexibilização das relações de trabalho. Discurso que, se for implantado, certamente trará a reboque a estagnação salarial do trabalhador ou até mesmo a queda da sua renda real.

Infelizmente, a recente redução da miséria no Brasil só foi obtida a partir de programas sociais com a distribuição da renda captada pela arrecadação de impostos federais e não com a valorização do trabalho e consequente aumento do patamar salarial do trabalhador e observância dos direitos dos trabalhadores.

---

(29) CATHARINO, José Martins. *Tratado Jurídico do Salário*. Freitas Bastos: Rio de Janeiro, 1951. p. 88.
(30) Fonte IBGE: Pesquisa Nacional por Amostra de Domicílios 1981/2007.
(31) Fonte IBGE: Série Estatísticas do Século XX e dados do IBGE relativos ao PIB de 2007, extraídos do sítio na internet.

Tais programas sociais, porém, deixam uma parcela da população à margem da sociedade, na medida em que não combatem as causas da má distribuição de renda, mas apenas alguns efeitos.

A partir da análise destes dados estatísticos, não há como se sustentar que o Estado deve deixar de intervir nas relações de trabalho e de que o crescimento econômico seja a solução para todas as mazelas sociais.

No Brasil, tem sido valorizada, de maneira excessiva, a autonomia privada do capitalista, permitindo-se que o mesmo adote práticas que reduzem o trabalhador a uma condição sub-humana.

É papel do Estado conferir ao cidadão que vive do seu trabalho, ao menos o fruto dele decorrente e para tanto, não basta uma postura imparcial e dissociada da realidade.

Não se pode dizer que no Brasil o trabalhador é livre para pactuar o salário que bem entender e que, em caso de inadimplemento salarial, possui o direito de ação para se insurgir contra o empregador.

No curso do contrato de trabalho o exercício do direito de ação pelo empregado em face do seu empregador é praticamente inexistente pelo temor que ele tem de perder o seu posto de trabalho, já que no Brasil o pleno emprego (art. 170, inciso VIII, CRFB/88) jamais foi alcançado e o exército de reserva é imenso, o que facilita a "reposição" do trabalhador[32].

Podem-se observar, neste caso, dois tipos de liberdade de acordo com Norberto Bobbio[33], a liberdade negativa e a liberdade positiva. A primeira se caracterizaria como a possibilidade de agir ou não, ou seja, sem a existência de impedimentos externos, ao passo que a liberdade positiva pressupõe que o indivíduo tenha reais condições de agir.

Fica claro que o trabalhador, no curso do contrato de trabalho, possui a liberdade negativa, mas não a liberdade positiva.

De nada adianta assegurar a liberdade negativa sem que se garanta um mínimo de condições para que o indivíduo realmente possa usufruir dos seus direitos. Para a salvaguarda da liberdade positiva, há necessidade de

---

(32) Em raras situações quando o empregador não encontra a "mercadoria trabalho" em abundância e de forma barata à disposição no mercado, tal situação passageira tem sido denominada "apagão de mão de obra." O crescimento econômico brasileiro é alavancado pelo baixo nível salarial e exploração do trabalho humano. Exemplo claro é o setor sucroalcooleiro, onde ainda se permite o corte manual de cana, trabalho penoso e degradante na sua essência e, portanto, não condizente com a condição humana.
(33) BOBBIO, Norberto. *Igualdade y Libertad*. Tradutor: Pedro Aragón Rincón. Barcelona: Ediciones Paidós, 1993. p. 96.

que haja uma atuação estatal que garanta a real fruição da liberdade de indivíduos excluídos socialmente, não bastando que sejam livres juridicamente se não são materialmente.

Neste sentido, leciona Daniel Sarmento: "Sem embargo, é hoje praticamente consensual que não basta o simples reconhecimento de liberdades jurídicas, ligadas à autonomia privada ou pública, sem que se confiram as condições mínimas para que seus titulares possam efetivamente desfrutá-las"[34].

O mesmo autor cita ainda Ernest-Wolfgang Böckenförde, o qual teria observado "que a moderna sociedade capitalista se assenta sobre uma tríplice garantia jurídica: a igualdade formal, a liberdade de aquisição de propriedade e a garantia da propriedade adquirida".

Ora, como se pode assegurar o mínimo de liberdade positiva ao trabalhador se numa sociedade capitalista alguns possuem meios materiais para fazer valer seus interesses e outros não possuem meios materiais para fazer valer os seus direitos?

Portanto, hoje já se consolidou o entendimento de que há necessidade de ser assegurado o mínimo de condições materiais para que o indivíduo possa ser livre.

Esse mínimo de condições materiais pode ser assegurado pelo trabalho e seu equivalente causal, o salário. Não apenas a elevação do valor real do salário, mas o efetivo adimplemento das verbas salariais.

1.5 A ordem econômica e a autonomia privada

A ordem econômica, estatuída pelo constituinte não é neutra, ao contrário, é regida por princípios. Ela existe, nos termos do que dispõe o art. 170 da CRFB/88, para assegurar a todos existência digna, conforme os ditames da justiça social[35].

---

(34) SARMENTO, Daniel. *Direitos fundamentais e relações privadas*. 2. ed. Rio de Janeiro: Editora Lumen Juris, 2006. p. 149.
(35) Neste sentido, constata-se que o art. 1º aponta como fundamento da República não a livre iniciativa tout court, mas os "valores sociais do trabalho e da livre iniciativa" (art. 1º, IV, CF). Verifica-se, também, que o art. 170, antes de falar na livre iniciativa, menciona a valorização do trabalho humano como fundamento da ordem econômica, e estabelece ainda que a finalidade desta ordem é "assegurar a todos uma existência digna, conforme os ditames da justiça social" (art. 170, CF), tratando a livre iniciativa econômica não como um fim em si, mas como meio na busca daquele magno objetivo. Nota-se, ademais, que a proteção da propriedade privada é condicionada ao cumprimento da sua função social (art. 5º, XXII e XXIII, e 170, II e III, CF). E atesta-se, por fim, que no elenco de princípios da ordem econômica, constam não só normas de matriz liberal, como também diretrizes e mandamentos revestidos de inequívoco pendor solidarista, como a própria função social da propriedade, a defesa do consumidor, a proteção do meio ambiente, a redução das desigualdades regionais e sociais, a busca do pleno emprego, e o tratamento favorecido às empresas nacionais de pequeno porte (art. 170, III, V, VI, VII e VIII, CF). SARMENTO, Daniel. *Direitos fundamentais e relações privadas*. 2. ed. Rio de Janeiro: Editora Lumen Juris, 2006. p. 176.

Neste sentido segue o pensamento de Eros Roberto Grau[36] para quem justiça social significa a superação das injustiças na repartição do capital, sendo este um princípio que conformaria a concepção do que é existência digna, cuja realização é o fim da ordem econômica.

O inadimplemento salarial qualificado afronta diretamente a Constituição, seja pela violação do direito fundamental ao salário – lembre-se que o salário é o equivalente causal do trabalho, sendo trabalho e salário cara e coroa da mesma moeda na feliz expressão de José Martins Catharino –, seja pela não realização do plano constitucional de garantir ao homem existência digna conforme os ditames da justiça social.

Desta forma, a livre iniciativa econômica – instrumento – deve ser redirecionada para a valorização do trabalho humano como forma de combate à exclusão social. Deve haver, para isso, a intervenção do Estado para a correção dos abusos praticados pelos empregadores.

Nos casos de inadimplemento salarial qualificado, não se pode de maneira alguma sustentar que haja, por parte dos empregadores, um direito à autonomia privada com fundamento no princípio da livre iniciativa a ser invocado.

Na exploração do seu empreendimento econômico, o empregador não pode agir de forma a vulnerar o direito do trabalhador de receber o seu salário integral e pontualmente.

A autonomia privada, quando relacionada ao gozo de liberdades de caráter econômico e direitos meramente patrimoniais, pode ser restringida, ao passo em que mais difícil se mostra esta intervenção em relações jurídicas de índole existencial como relações afetivas ou no exercício de liberdade religiosa[37].

Assim, o Estado pode intervir nas relações jurídicas de índole patrimonial, especificamente nas relações de trabalho nas quais são patentes as

---

(36) "Justiça social, incialmente, quer significar superação das injustiças na repartição, a nível pessoal, do produto econômico. Com o passar do tempo, contudo, passa a conotar cuidados, referidos à repartição do produto econômico, não apenas inspirados em razões micro, porém macroeconômicas: as correções na injustiça da repartição deixam de ser apenas uma imposição ética, passando a consubstanciar exigência de qualquer política econômica capitalista." GRAU, Eros Roberto. *A ordem econômica na Constituição de 1988*. 15. ed. São Paulo: Malheiros, 2012. p. 224.

(37) Ademais, em relação a tais liberdades de caráter econômico, que envolvem a autonomia negocial, bem como o uso da propriedade e de outros bens e direitos patrimoniais, parece-nos inequívoco o seu condicionamento ao desempenho de uma função social, ligada à promoção dos valores de justiça, liberdade real e solidariedade inscritos na ordem constitucional. Num sistema constitucional que põe o "ser" antes do "ter", os direitos patrimoniais são protegidos tão-somente como meios para concretização de valores ligados à realização existencial da pessoa e à defesa de interesses socialmente relevantes; não como um fim em si. SARMENTO, Daniel. *Direitos fundamentais e relações privadas*. 2. ed. Rio de Janeiro: Editora Lumen Juris, 2006. p. 179.

diferenças sociais entre as partes convenentes, refreando assim, o instinto avassalador do ser humano de tomar mais do que aquilo que lhe cabe[38].

Não se pode também, como leciona Robert Alexy, simplesmente ponderar entre princípios colidentes que possuam diferente peso abstrato[39]. Sem dúvida, o princípio da valorização do trabalho humano (art. 170, *caput*, CRFB/88) e o princípio da dignidade da pessoa humana possuem peso abstrato superior ao princípio da propriedade privada (art. 170, II, CRFB/88).

Mais ainda quando no caso concreto a propriedade é obtida por meios ilícitos e por meio da vulneração da valorização do trabalho humano – abuso do inadimplemento salarial – sobressai a hierarquia do último princípio em detrimento do primeiro.

O Direito é muito mais do que um corpo de normas que tem por objetivo a pacificação social, o objetivo do Direito é também a transformação da realidade quando esta se mostra necessária[40].

Deve-se, portanto, superar a visão uLTrapassada do Direito como instrumento de repressão das elites sobre os pobres e realinhar a ordem econômica conforme os ditames traçados pelo constituinte, com o cumprimento da diretriz fundamental de promoção da dignidade humana.

A ordem jurídica brasileira busca a garantia da dignidade da pessoa humana – fundamento da República, art. 1º, III, CRFB/88 – por meio de diversas normas que visam à valorização do trabalho humano (art. 7º, 8º, 9º, CRFB/88).

Seria contrário a este princípio tudo aquilo que pudesse reduzir o ser humano à condição de um objeto, de maneira que o trabalhador não pode ser reduzido a mero instrumento para a acumulação de lucro.

---

(38) "Constiuição dirigente que é, a de 1988 reclama – e não apenas autoriza – interpretação dinâmica. Volta-se à transformação da sociedade, transformação que será promovida na medida em que se reconheça, no art. 3º – e isso se impõe – , fundamento à reivindicação, pela sociedade, de direito à realização de políticas públicas. Políticas públicas que, objeto de reivindicação constitucionalmente legitimada, hão de importar o fornecimento de prestações positivas à sociedade. GRAU, Eros Roberto. *A ordem econômica na Constituição de 1988.* 15. ed. São Paulo: Malheiros, 2012. p. 212.
(39) "Muitos princípios da constituição não se distinguem em seu peso abstrato. Em alguns, isso, todavia, é diferente. Assim, o direito à vida tem um peso abstrato superior do que a liberdade de atuação geral." ALEXY, Robert. *Constitucionalismo Discursivo.* Tradução Luis Afonso Heck. Porto Alegre: Livraria do Advogado, 2007. p. 139.
(40) "O Direito é justamente isto, uma força de transformação da realidade. É sua a tarefa "civilizatória." reconhecida através de uma intrínseca função promocional, a par da tradicional função repressiva, mantenedora do *status quo.*" SARLET, Ingo Wolfgang. (Org.) MORAES, Maria Celina Bodin de. *O Conceito de dignidade humana*: substrato axiológico e conteúdo normativo. Constituição, Direitos Fundamentais e Direito Privado. Porto Alegre: Livraria do Advogado, 2003. p. 108.

Eventual conflito entre o interesse de maximização de lucro e o direito do trabalhador em receber o seu salário só pode pender a favor do trabalhador, tendo em vista que o direito ao salário é direito fundamental estreitamente relacionado com o princípio da dignidade humana.

Aliás, o aviltamento da condição do trabalhador, por meio da prática de sonegação dolosa dos frutos do seu trabalho, não se alinha a qualquer princípio de matiz constitucional[41]. Não se trata de concretização do princípio da livre iniciativa, mas sim de prática ilícita que revela o mau uso da liberdade e livre iniciativa.

1.6 Punição do inadimplemento salarial qualificado e a valorização do salário do trabalhador

O mau uso da liberdade, por parte do empregador, rompe com a igualdade material em virtude de ter o trabalhador cumprido a sua parte no contrato de trabalho, mas, mesmo assim, o empregador ter sonegado o cumprimento de sua principal obrigação contratual, que é a de pagar salário[42].

Hoje o salário não é apenas uma contraprestação pecuniária pelo trabalho humano realizado. Ele possui estreita ligação com o princípio da dignidade humana porque é por meio do salário que o trabalhador obterá o mínimo vital. O salário, mais do que uma contraprestação, é, antes de tudo, um direito fundamental de caráter eminentemente existencial e que, por esse motivo, deve receber tratamento privilegiado quando confrontado com o direito de propriedade do empregador[43], sobretudo quando a propriedade é obtida por meios ilícitos como nos casos de inadimplemento salarial qualificado.

---

(41) "A esse respeito, é de se ressaltar a tábua axiológica trazida pelas Constituições do século XX, elaboradas e promulgadas após o término da Guerra. Nesse novo ambiente, o valor fundamental deixou de ser a vontade individual, o suporte fático-jurídico das situações patrimoniais que importava regular, dando lugar à pessoa humana e à dignidade que lhe é intrínseca." SARLET, Ingo Wolfgang. Organizador. MORAES, Maria Celina Bodin de. *O Conceito de dignidade humana*: substrato axiológico e conteúdo normativo. Constituição, Direitos Fundamentais e Direito Privado. Porto Alegre. Livraria do Advogado, 2003. p. 137.

(42) "Houve um tempo em que o princípio da igualdade correspondia à ideia de que "todos são iguais perante a lei." O direito do trabalho foi o primeiro grande ramo jurídico a subverter esta regra, atribuindo ao trabalhador benefícios que viriam a contrariar até mesmo o princípio da hierarquia das normas, com a difusão da noção de que, na relação de trabalho, a norma aplicável é a mais benéfica ao trabalhador." SARLET, Ingo Wolfgang. Organizador. MORAES, Maria Celina Bodin de. *O Conceito de dignidade humana*: substrato axiológico e conteúdo normativo. Constituição, Direitos Fundamentais e Direito Privado. Porto Alegre. 2003. Página 142.

(43) "Como regra geral daí decorrente, pode-se dizer que, em todas as relações privadas nas quais venha a ocorrer um conflito entre uma situação jurídica subjetiva existencial e uma situação jurídica patrimonial, a primeira deverá prevalecer, obedecidos, dessa forma, os princípios constitucionais que estabelecem a dignidade da pessoa humana como o valor cardeal do sistema." SARLET, Ingo Wolfgang. Organizador. MORAES, Maria Celina Bodin de. *O Conceito de dignidade humana*: substrato axiológico e conteúdo normativo. Constituição, Direitos Fundamentais e Direito Privado. Porto Alegre: Livraria do Advogado, 2003. p. 143.

Há necessidade de reconhecimento do salário como direito fundamental social, não sendo este reconhecimento de interesse apenas teórico, mas também prático. A eficácia direta dos direitos fundamentais preconizada pela melhor doutrina brasileira de direito constitucional gera a vinculação direta do empregador ao texto constitucional.

Desta forma, o empregador poderia integrar o polo passivo de uma reclamação trabalhista com pretensão de condenação ao pagamento de salário digno e que represente a valorização do trabalho humano.

Sobretudo nos casos em que haja, por parte do empregador, recursos em abundância e atividades subsidiadas pelo Estado – como no caso das empresas do setor sucroalcooleiro – em detrimento da condição sub-humana às quais os trabalhadores são submetidos, seria exigível não apenas o salário contratual com fundamento no contrato de trabalho e na ideia clássica de que o salário é a contraprestação do trabalho realizado, mas também um salário digno e compatível com os lucros exorbitantes de determinados conglomerados econômicos.

Com muito mais razão, o inadimplemento salarial qualificado, seja ele fruto da frontal inobservância do contrato, seja ele fruto da fraude ou de negociação ainda de negociação coletiva lesiva ao trabalhador – convenções ou acordos coletivos nos quais o sindicato dos trabalhadores renuncie à determinada parcela salarial –, deve ser reconhecido como atentatório ao texto constitucional e punido.

No Brasil, deve ser reconhecida a vulnerabilidade do trabalhador, mesmo quando representado pelo seu sindicato. A Constituição deve produzir efeitos diretos nas relações entre patrões e empregados, sem que o intérprete se atenha aos pormenores das cláusulas contratuais, já que quase sempre o contrato e o instrumento coletivo são impostos pelo empregador.

Como já escrito em linhas anteriores, o respeito à autonomia privada, como espaço de conformação entre as partes convenentes, deve ser maior nas relações de cunho existencial e menor nas de cunho patrimonial.

Atento à desigualdade social no Brasil, leciona Daniel Sarmento: "É por isso também que em certos domínios normativos, como o Direito do Trabalho e o Direito do Consumidor, que têm como premissa a desigualdade fática entre as partes, a vinculação aos direitos fundamentais deve mostrar-se especialmente enérgica, enquanto a argumentação ligada à autonomia da vontade dos contratantes assume um peso inferior."[44]

---

(44) SARMENTO, Daniel. *Direitos fundamentais e relações privadas*. 2. ed. Rio de Janeiro: Editora Lumen Juris, 2006. p. 263.

Deve-se, ainda, dizer que a valorização do salário do trabalhador depende também de políticas de reconhecimento ao trabalho e ao trabalhador.

Nos últimos anos, o Direito do Trabalho vem passando por diversos questionamentos por parte de economistas que preconizam que o crescimento econômico é o remédio para todas as mazelas.

Conforme se demonstrou em linhas pretéritas, embora o PIB tenha crescido nos últimos trinta anos, o aludido crescimento beneficiou muito pouco aos que trabalham.

Estes mesmos economistas pretendem obter crescimento econômico às custas da classe trabalhadora com a "flexibilização das relações de trabalho" e consequente prejuízo ao salário real do trabalhador. Alegam que a flexibilização das relações de trabalho é uma via a ser trilhada no alcance do pretendido crescimento econômico[45].

Ora, esquecem estes economistas que a ordem econômica tem por fim garantir a existência digna conforme os ditames da justiça social. O crescimento econômico não é um fim em si mesmo, apenas deve ser incentivado e buscado se trouxer benefícios aos mais pobres.

Na verdade, o que pretendem os representantes da elite capitalista é fazer valer a primazia dos bens de produção e do capital, obtendo o predomínio dos seus interesses na seara política por meio da reforma da CLT[46].

São grandes as investidas contra o Direito do Trabalho no Brasil, construído sob o modelo de normas inderrogáveis pela vontade das partes. Portanto, a sua manutenção, da forma como existe hoje, depende, além de políticas de redistribuição – melhoria e proteção ao salário –, também de políticas de reconhecimento, ou seja, valorização do trabalhador e sindicatos, atores sociais que hoje não possuem expressão significativa[47].

---

(45) PASTORE, José. 101 propostas para modernizar a CLT. Artigo publicado no Jornal o Estado de São Paulo em 18/12/12. (As pretensiosas 101 propostas para "modernizar" a CLT nada mais são do que o desmantelamento da legislação do trabalho hoje existente sem deixar nada no lugar. O aludido projeto foi encomendado pela Confederação Nacional da Indústria, que defende a elite burguesa brasileira).
(46) "Chamo um bem de predominante se os indivíduos que o possuem, por tê-lo, podem comandar uma vasta série de outros bens. É monopolizado sempre que apenas uma pessoa, monarca no mundo dos valores – ou um grupo, oligarcas – o mantém com êxito contra todos os rivais." WALZER, Michael. *Esferas da Justiça*. Tradução Jussara Simões. São Paulo: Martins Fontes, 2003. p. 11.
(47) "Considere-se, primeiro, que a redistribuição influencia o reconhecimento. Virtualmente qualquer demanda por redistribuição terá alguns efeitos de reconhecimento, voluntários ou involuntários." SARMENTO, Daniel; IKAWA, Daniela; e PIOVESAN, Flávia. Coordenadores. *Igualdade, Diferença e Direitos Humanos*. Redistribuição, Reconhecimento e Participação: por uma concepção integrada da justiça. Nancy Fraser. Rio de Janeiro: Editora Lumen Juris, 2008. p. 187.

É fundamental a valorização da identidade da classe trabalhadora como forma de se garantir a unidade necessária para que haja luta pela melhoria de sua condição social, sob pena de que sejam pouco a pouco suprimidas as normas de proteção hoje existentes.

Sem esse engajamento e cooperação, o Direito do Trabalho pode vir a sucumbir[48], talvez não de maneira abrupta e repentina, mas de uma maneira lenta e silenciosa, com reformas legislativas pontuais ou por meio da consolidação de uma jurisprudência tolerante com práticas de aviltamento do trabalhador nas relações de trabalho[49].

Portanto, o mero reconhecimento do salário como contraprestação ao trabalho ou ao contrato de trabalho, não é suficiente para a sua eficiente proteção.

O trabalho humano deve deixar de ser encarado como mercadoria e o salário decorrente do trabalho deve ser justo e assumir a sua feição existencial de garantia da existência digna[50].

O direito fundamental ao salário digno é, por outro prisma, direito individual subjetivo do empregado, exigível do empregador não apenas por ser contraprestação – seja ao contrato de trabalho, trabalho realizado ou tempo à disposição do empregador –, mas também por possuir o empregador o dever de respeito aos direitos fundamentais no âmbito das relações jurídicas de trabalho.

---

(48) "O processo democrático pode expandir o Estado de Direito. Porém, mesmo os regimes democráticos em sociedades com extremos níveis de desigualdade, onde as pessoas e os grupos possuem recursos e poder desproporcionais, o Estado de Direito tende a ser menos capaz de proteger os economicamente desfavorecidos e de fazer os poderosos serem responsabilizados perante a lei." SARMENTO, Daniel; IKAWA, Daniela; e PIOVESAN, Flávia. (Coord). *Igualdade, Diferença e Direitos Humanos*. Desigualdade e a Subversão do Estado de Direito. Vieira, Oscar Vilhena. Rio de Janeiro: Editora Lumen Juris, 2008. p.199.
(49) Exemplo de jurisprudência tolerante com o aviltamento do trabalhador é o posicionamento amplamente majoritário do TST que distingue revista íntima da revista em bolsas e pertences e chancela esta última prática que convola, na prática, o poder diretivo do empregador em verdadeiro poder de polícia para abrir bolsas, mochilas e demais pertences do empregado. A jurisprudência do TST só tem admitido indenização por danos morais se houver algum procedimento vexatório, abusivo e discriminatório cometido pela empregadora. Não considera o procedimento de revista em bolsas e pertences abusivo, vexatório e discriminatório por si só. Por este e outros motivos é que deve ser reconhecida a eficácia horizontal dos direitos fundamentais no âmbito das relações de trabalho, neste caso a eficácia direta do art. 5º, X, CRFB/88, como forma de proteger o empregado dos desmandos perpetrados pelo patrão. Leia-se: Processo: RR - 984-68.2011.5.09.0245 Data de Julgamento: 06/03/2013, Relatora Ministra: Dora Maria da Costa, 8ª Turma, Data de Publicação: DEJT 08/03/2013; e Processo: RR - 32-42.2011.5.19.0009 Data de Julgamento: 27/02/2013, Relator Ministro: Ives Gandra Martins Filho, 7ª Turma, Data de Publicação: DEJT 08/03/2013.
(50) Sobre o princípio do salário justo: "Significa, na sua mais ampla expressão, um protesto e uma contestação contra a ordem trabalhista vigente e os conceitos de trabalho como mercadoria e salário como preço dessa mercadoria." NASCIMENTO, Amauri Mascaro. *O salário no Direito do Trabalho*. São Paulo: LTr, 1975. p. 41.

Além de respeito por parte do empregador, o salário deve ser garantido pelo Estado, por meio do reconhecimento por parte do Estado-juiz, da existência de dano moral individual nos casos de inadimplemento salarial do empregador nas demandas individuais. Imperioso também o reconhecimento do dano moral coletivo pela vulneração do direito fundamental social ao salário em ações civis públicas. Sobre o dano moral coletivo e individual serão tecidos maiores comentários nos derradeiros capítulos.

A aplicação de multas administrativas significativas, que desestimulem práticas abusivas, é medida que deveria ser adotada como forma de prevenção da vulneração do direito ao salário. Hoje as multas administrativas, além de irrisórias e de se caracterizarem quase como uma taxa para o descumprimento da ordem jurídica vigente, raramente conseguem ser cobradas em virtude dos recursos administrativos existentes, da lentidão do julgamento destes recursos e da possibilidade de se ajuizar ação perante o Poder Judiciário tendo em vista a inafastabilidade do Poder Jurisdicional do Estado.

Por último, o reconhecimento do direito ao salário como direito fundamental social, resguarda-o de manobras políticas tendentes à redução da proteção jurídica alcançada. Mostra-se vedado o retrocesso social já alcançado e imperioso o avanço para a ampliação da tutela jurídica ao salário do trabalhador[51]-[52].

---

(51) Na recuperação judicial regulada pela lei n. 11.101/05, as execuções trabalhistas são suspensas a partir do deferimento do pedido de recuperação judicial.
(52) "Os direitos fundamentais aparecem, assim, não apenas como um instrumento de limitação da vontade parlamentar, mas também de qualquer maioria que se manifeste dentro do sistema político, por mais qualificada que seja." VIEIRA, Oscar Vilhena. *Direitos Fundamentais*. Uma leitura da jurisprudência do STF. São Paulo: Malheiros Editores, 2006. p. 49.

Capítulo II
Obrigações e Contrato Individual de Trabalho

2.1 Obrigações civis e obrigações trabalhistas. Diferenças

O conceito de obrigação pode ser descrito genericamente como qualquer espécie de dever moral, social, religioso ou jurídico como ensina Arnoldo Wald[53].

O mesmo autor leciona que a divisão entre ações reais e ações pessoais ocorreu no direito romano e persiste até os dias de hoje. Sustenta ainda que os direitos podem ser exercidos sobre a própria pessoa do titular – direitos da personalidade –, ou sobre um bem exterior de valor econômico – direitos patrimoniais.

Os direitos patrimoniais se subdividiriam em direitos reais e direitos obrigacionais. Os primeiros imporiam o respeito de toda a coletividade e importariam na relação jurídica em que o titular exerce o poder de sujeição sobre uma coisa. Já os direitos obrigacionais concedem ao sujeito ativo o direito de exigir do sujeito passivo a prática de um ato ou a abstenção de um fato.

Com isso, Arnoldo Wald define obrigação como "vínculo jurídico temporário pelo qual a parte credora (uma ou mais pessoas) pode exigir da parte devedora (uma ou mais pessoas) uma prestação patrimonial e agir judicialmente sobre o seu patrimônio, se não for satisfeita espontaneamente."[54]

O aspecto patrimonial, a partir do conceito oferecido pelo autor, predomina para os civilistas, já que, em caso de inadimplemento, o sujeito ativo – credor – seria capaz de atingir o patrimônio do sujeito passivo – devedor –, o que acabaria sempre por conferir à obrigação civil uma expressão econômica[55].

Com efeito, a patrimonialidade é ponto que se destaca nas obrigações civis, como ressalta Orlando Gomes[56], para quem o "Direito das Obrigações

---

(53) WALD, Arnoldo. *Obrigações e Contratos*. Curso de Direito Civil Brasileiro. V. 2. 11. ed. São Paulo: Saraiva, 1994. p. 19.
(54) WALD, Arnoldo. *Obrigações e Contratos*. Curso de Direito Civil Brasileiro. V. 2. 11. ed. São Paulo: Saraiva, 1994. p. 20.
(55) Em parte este conceito não pode mais ser levado ao pé da letra em virtude de alterações legislativas processuais que possibilitam a execução específica das obrigações de fazer e não fazer. Assim, o inadimplemento da obrigação não se reverte mais necessariamente em perdas e danos como era no passado com fulcro no princípio romano: *nemo praecise cogi potest ad factum* (ninguém pode ser coagido a praticar um ato).
(56) GOMES, Orlando. *Obrigações*. Atualizador Edvaldo Brito. 17. ed. 2ª Tiragem. Rio de Janeiro: Editora Forense, 2007. p. 7.

compreende as relações jurídicas que constituem as mais desenvoltas projeções da autonomia privada na esfera patrimonial."

Orlando Gomes assim define obrigação: "Obrigação é um vínculo jurídico em virtude do qual uma pessoa fica adstrita a satisfazer uma prestação em proveito de outra."[57]

O vínculo jurídico estabelece prestações patrimoniais entre as partes, razão pela qual na obrigação civil o patrimônio do devedor inadimplente fica à disposição do credor.

O princípio da autonomia privada na esfera das obrigações civis é amplo, de maneira que podem ser criados tantos contratos e obrigações quantos a criatividade humana permita, desde que seguidos os princípios gerais[58].

As obrigações decorrentes do Direito do Trabalho não seguem a mesma lógica das obrigações civis. No campo das relações de trabalho, o princípio da autonomia da vontade é severamente limitado por normas de ordem pública e inderrogáveis pela vontade das partes convenentes, ao menos no Brasil.

Com isso, o Direito do Trabalho vigente no Brasil garante ao empregado a proteção jurídica de que seus direitos fundamentais não serão suprimidos por meio de um contrato de adesão imposto pelo empregador. É assim garantido um contrato de trabalho mínimo com regras impostas pela lei e inderrogáveis pela vontade das partes.

O princípio da proteção é informador do Direito do Trabalho e garante a condição social do trabalhador, que não pode ser despojado dos seus direitos mínimos assegurados pela Constituição e pela legislação do trabalho.

A criatividade humana na seara do contrato de trabalho apenas pode se prestar à melhoria da condição social do trabalhador, de maneira a superar o mínimo previsto em lei.

A patrimonialidade fica também em segundo plano no Direito do Trabalho e o trabalhador tem protegido o seu salário contra as investidas do patrão

---

(57) GOMES, Orlando. *Obrigações*. Atualizador Edvaldo Brito. 17. ed. 2ª Tiragem. Rio de Janeiro: Editora Forense, 2007. p. 15.

(58) "Inúmeras obrigações formam-se sem subordinação ao esquema traçado pela lei ao disciplinar os negócios jurídicos mais usuais. A esses negócios atípicos aplicam-se os princípios gerais."(...) "Enquanto o Direito das Coisas se esgota em reduzido número de figuras, rigidamente delineadas na lei, e submetidas à disciplina uniforme, o Direito das Obrigações não tem limites senão em princípios gerais que deixam à vontade individual larga margem à provocação de efeitos jurídicos consoantes aos mais variados interesses que tutela." GOMES, Orlando. *Obrigações*. Atualizador Edvaldo Brito. 17. ed. 2ª Tiragem. Rio de Janeiro: Editora Forense, 2007. p. 7/8. Sob este aspecto o contrato se apresenta como a suprema expressão da liberdade individual, no exercício das atividades privadas de ordem patrimonial.

ou de terceiros alheios à relação de trabalho. O patrão, em regra, não pode efetuar descontos no salário do empregado sob a alegação de que o obreiro inadimpliu sua parte no contrato, tal como ocorreria em algumas obrigações civis.

Também o empregado, como sujeito passivo da obrigação de prestar labor, pode, a qualquer tempo, desincumbir-se da sua obrigação por meio do exercício do seu direito potestativo de resilição unilateral do contrato de trabalho sem que o empregador possa investir contra o seu patrimônio.

Com isso, às obrigações de responsabilidade do empregado no curso do contrato de trabalho, não se aplica o conceito atribuído à obrigação civil de: vínculo jurídico que cria prestações que, porventura inadimplidas, ensejam a constrição patrimonial do devedor. Estas hipóteses de constrição do patrimônio do empregado são restritas na seara do Direito do Trabalho[59]-[60].

Como regra, apenas o patrimônio do empregador pode ser atingido nas hipóteses de inadimplemento das prestações devidas no curso do contrato de trabalho.

A liberdade individual do empregado, o fato de o direito ao salário ser um direito fundamental, como foi visto no capítulo anterior, bem como o seu caráter alimentar, são fatores que limitam a constrição ao salário do empregado.

Sem dúvida, então, que o poder de constrição do empregador sobre o salário do empregado é mitigado, diferentemente do que ocorreria em uma obrigação civil.

Portanto, as obrigações civis diferenciam-se das obrigações trabalhistas pela impossibilidade, em regra, nas últimas, de se recorrer ao patrimônio do empregado em caso de inadimplemento e pela maior incidência do princípio da autonomia privada nas obrigações civis em detrimento do que ocorre nas obrigações regidas pelo Direito do Trabalho.

A diferença marcante entre obrigações trabalhistas e obrigações civis foi estabelecida desde o surgimento do Direito do Trabalho, como leciona Evaristo de Moraes Filho[61]. Criado como ramo destacado do Direito Civil,

---

(59) São exemplos desta restrita possibilidade o art. 462, § 1º e art. 767 da CLT.
(60) Nestes termos também a Convenção n. 95 da OIT de 1949 no seu art. 9º: "Fica proibido qualquer desconto dos salários cuja finalidade seja assegurar pagamento direto ou indireto do trabalhador ao empregador, a representante deste ou a qualquer intermediário (tal como um agente encarregado de recrutar a mão-de-obra), com o fim de obter ou conservar um emprego."
(61) "O liberalismo econômico refletia-se com perfeição no liberalismo político, com a vitória, pouco mais tarde, do sufrágio universal. Era o triunfo da democracia liberal, que, como é notório, fazia predominar a ideia da liberdade sobre a da igualdade, considerando somente a vontade geral dos indivíduos

houve a necessidade de o Direito do Trabalho criar um contrato de trabalho com garantias sociais mínimas para obstar a autonomia privada irrestrita lastreada por ideais do liberalismo econômico clássico que vinha à época resultando em severos prejuízos sociais à classe trabalhadora.

Não há como se defender hoje no Brasil, à luz da falta de desenvolvimento e organização da classe trabalhadora, uma unificação das obrigações civis e do trabalho e uma fusão do Direito Civil e Direito do Trabalho, sob pena de se servir, na feliz expressão de Evaristo de Moraes Filho[62], um "café requentado" em matéria social ou histórica.

A falta de igualdade material entre empregado e empregador é o fator que proporcionou a separação dos dois ramos e que justifica até hoje a autonomia do Direito do Trabalho no Brasil.

2.2 A boa fé e a moral na relação contratual. Contrato individual de trabalho

Toda relação obrigacional é regida antes pela lei moral e somente depois pela lei em sentido formal e jurídico[63]. A relação entre credor e devedor ainda que no campo das obrigações civis - campo onde predomina a patrimonialidade e autonomia da vontade privada - é uma relação regida também pela moral.

A lei moral irá definir até que ponto o credor pode obter um benefício em detrimento do sacrifício do devedor, limitando, desta forma, o puro arbítrio das partes para regularem as suas relações privadas.

---

abstratamente considerados. Não os considerava *in concreto*, nas suas vidas reais, situados, em suas condições sociais e econômicas. Foi exatamente por admiti-los concretamente, em suas desigualdades econômicas, em suas posições no mercado, que surgiu o Direito do Trabalho, matizando aquela liberdade individual abstrata com algumas medidas que possibilitassem um relativo equilíbrio de forças." (...) "Daí a necessidade de um mínimo universal de garantias sociais, válidas para todos, sob a forma de um contrato mínimo de trabalho." MORAES FILHO, Evaristo de. *Introdução ao Direito do Trabalho*. 7. ed. São Paulo: LTr, 1995. p. 5/6.
(62) MORAES FILHO, Evaristo de. *Introdução ao Direito do Trabalho*. 7. ed. São Paulo: LTr, 1995. p. 5.
(63) Neste sentido Georges Ripert: "Não se trata, de resto, de se iludir com palavras ou de se contentar com fórmulas gerais e fáceis. Que o direito positivo é mais ou menos fundado sobre a ideia de justiça, toda gente sabe, e não serviria de nada demonstrar que a maior parte das instituições assentam sobre a necessidade de dar satisfação a esta ideia. Quando pretendo procurar a influência da lei moral na elaboração prática das regras de direito pelo legislador e pelo juiz, não entendo por lei moral qualquer vago ideal de justiça, mas essa lei bem precisa que rege as sociedades ocidentais modernas e que é respeitada porque é imposta pela fé, a razão, a consciência, ou simplesmente seguida pelo hábito ou pelo respeito humano." RIPERT, Georges. *A Regra Moral nas Obrigações Civis*. Tradução da terceira edição francesa por Osório de Oliveira. 2. ed. Campinas: Bookseller Editora e Distribuidora, 2002. p. 23.

A obrigação não é uma mera relação entre dois patrimônios, mas, antes disso, uma relação entre dois seres humanos fundada sobre ideais de justiça.

O direito positivo regula as relações jurídicas abstratamente com o objetivo de que haja justiça social. As regras jurídicas são revestidas de sanção em caso de descumprimento[64] para que os ideais de justiça sejam atingidos.

Como concluiu Georges Ripert[65], o direito não pode "viver cortado pela sua raiz" e viver "pela única força de sua técnica" desenvolvendo-se sem se nutrir da seiva moral.

Todas as relações jurídicas obrigacionais, tanto as de natureza civil como as de natureza trabalhista, possuem estreita vinculação com os ideais de justiça. Na seara trabalhista, pode-se dizer que as obrigações possuem maior vinculação aos ideais de justiça porque a ordem jurídica limita severamente a autonomia privada e a patrimonialidade como forma de realizar justiça social e atribuir garantias sociais mínimas ao trabalhador.

Délio Maranhão[66] cita o princípio da execução de boa fé ou princípio da colaboração como informador da base sistemática jurídica em matéria de contrato. Este princípio significaria, conforme Barassi, Demogue e De Page, citados pelo autor, que as partes contratantes possuem um dever de cooperação ou solidariedade entre si em virtude da utilidade social que possui o contrato.

Cada contratante deveria levar ao outro ajuda necessária para garantir a execução de boa fé do contrato, ou seja, trata-se de um dever bilateral que vincula tanto o empregado quanto o empregador.

---

(64) "Não existe na realidade, entre a regra moral e a regra jurídica, nenhuma diferença de domínio, de natureza e de fim; não pode mesmo haver, porque o direito deve realizar a justiça, e a ideia do justo é uma ideia moral. Mas há uma diferença de caráter. A regra moral torna-se regra jurídica "graças a uma injunção mais enérgica e a uma sanção exterior necessária para o fim a atingir." Encarna-se e precisa-se pela elaboração técnica da regra jurídica. Quando esta regra foi assim dada e sancionada pelo legislador, separa-se da regra moral que lhe serve de fundamento, no sentido em que o direito intensificando-se com a ordem jurídica estabelecida, basta-se a si próprio; dita a regra e aplica a sanção; contentam-se com a obediência à lei sem pedir contas dos motivos dessa obediência." RIPERT, Georges. *A Regra Moral nas Obrigações Civis*. Tradução da terceira edição francesa por Osório de Oliveira. 2. ed. Campinas: Bookseller Editora e Distribuidora, 2002. p. 27.
(65) RIPERT, Georges. *A Regra Moral nas Obrigações Civis*. Tradução da terceira edição francesa por Osório de Oliveira. 2. ed. Campinas: Bookseller Editora e Distribuidora, 2002. p. 28.
(66) "Mas o princípio da execução contratual de boa fé tem, principalmente, um alto sentido moral." (...) "À diligência, obediência e fidelidade do empregado é preciso que corresponda a compreensão do empregador de que seu "colaborador" é uma criatura humana "dotada de cérebro e de coração", que como tal deve ser tratado, e não como máquina." SÜSSEKIND, Arnaldo; MARANHÃO, Délio; VIANNA, Segadas; TEIXEIRA FILHO, João de Lima. *Instituições de Direito do Trabalho*. V.1. 22. ed. São Paulo: LTr, 2005. p. 258.

Antes de se tratar de mero produto da autonomia privada das partes convenentes, o contrato, especialmente o contrato individual de trabalho, é pautado por ideais morais de justiça.

Estes ideais de justiça são absorvidos pela lei, que, no Estado Democrático de Direito, permite aos cidadãos e seus representantes amplo debate público acerca de quais regras irão regular as relações jurídicas, traduzindo-se a lei, portanto, em consenso racional.

2.3 Características do contrato individual de trabalho

O estudo das características do contrato de trabalho é tarefa de grande importância para que daí sejam extraídas conclusões fundamentais para o presente estudo sobre salário e inadimplemento salarial qualificado.

Para Evaristo de Moraes Filho, o contrato de trabalho poderia ser classificado como: contrato de direito privado, consensual, sinalagmático perfeito, comutativo, de trato sucessivo, de adesão, oneroso e subordinativo[67].

O contrato de trabalho seria contrato de direito privado por depender, para a sua formação, da manifestação da vontade de particulares, o empregado e o empregador. O fato de serem fecundas as normas de ordem pública que limitam a autonomia privada das partes convenentes não eliminaria o caráter privado do contrato individual de trabalho.

Poderia, também, ser classificado como contrato do tipo consensual por não depender de solenidades, formando-se pelo consentimento tácito ou expresso das partes (art. 443 da CLT).

Contrato do tipo sinalagmático perfeito, o contrato de trabalho criaria obrigações recíprocas para ambas as partes, que não podem reclamar a prestação do outro sem antes cumprirem a prestação a qual se obrigaram.

O contrato de trabalho seria ainda comutativo por estabelecer equivalência entre a prestação de trabalho e a contraprestação salarial.

De trato sucessivo, as obrigações no curso do contrato de trabalho se renovam, tanto a prestação de trabalho como a obrigação de pagar salário. Não se esgotam as obrigações num só ato singular. Tal característica do contrato de trabalho está de acordo com o princípio da continuidade que informa o Direito do Trabalho[68].

---

(67) MORAES FILHO, Evaristo de. *Introdução ao Direito do Trabalho*. 7. ed. São Paulo: LTr, 1995. p. 258/260.
(68) "O princípio da continuidade é aquele em virtude do qual o contrato de trabalho perdura até que sobrevenham circunstâncias previstas pelas partes ou em lei como idôneas para fazê-lo cessar. Tais circunstâncias podem ser, por exemplo, um pedido de demissão, uma despedida, um termo" (...) "O

O contrato de trabalho é contrato de adesão por não serem negociadas todas as suas cláusulas, que normalmente são impostas pelo empregador. O empregador normalmente submete o empregado a um "contrato-tipo" ao qual o empregado adere sem maior resistência.

O contrato de trabalho é do tipo oneroso por impor às partes contraprestações recíprocas pelas prestações assumidas.

Por fim, na expressão de Evaristo de Moraes Filho, o contrato de trabalho seria subordinativo pelo fato de o empregado encontrar-se continuamente subordinado ao empregador.

Mauricio Delgado Godinho[69] caracteriza o contrato individual de trabalho como: contrato de direito privado, sinalagmático, consensual, celebrado *intuito personae*, de trato sucessivo, de atividade, oneroso, dotado de alteridade e complexo.

O contrato individual de trabalho, para o autor, seria de direito privado em face da natureza privada dos sujeitos, empregado e empregador, como também pelos interesses envolvidos. A imperatividade das normas trabalhistas não transforma o contrato individual de trabalho em contrato de direito público em virtude da paridade jurídica decorrente do contrato firmado entre as partes.

O contrato individual de trabalho seria contrato sinalagmático por resultarem dele "obrigações contrárias contrapostas", obrigações estas que seriam aferidas do conjunto das obrigações contratuais e não por um mero contraponto entre as duas obrigações mais importantes a cargo das partes – obrigação de pagar salário e obrigação de prestar trabalho.

O contrato individual de trabalho seria consensual por não depender de solenidades, bastando, para a sua formação, de ajuste expresso ou tácito entre as partes, salvo algumas exceções pontuais como o contrato de aprendizagem, o contrato do atleta profissional e o contrato do artista profissional.

Seria, para Mauricio Godinho Delgado, ainda um contrato *intuito personae* por levar em consideração aspectos pessoais do empregado, que seria na sua ótica "figura subjetivamente infungível." Quanto ao empregador predominaria a impessoalidade ante o entendimento que defende de que o empregador seria figura despersonalizada.

---

princípio da continuidade é uma consequência, antes de tudo, de ser o de trabalho um contrato de trato sucessivo ou de duração, ou seja, em que o cumprimento da obrigação de fazer consistente na prestação de serviços dele originados se prolonga no tempo ao inverso do que ocorre com os contratos instantâneos como a compra e venda, em que a satisfação das prestações pode se realizar em um só momento." SILVA, Luiz de Pinho Pedreira da. *Principiologia do Direito do Trabalho*. 2. ed. São Paulo: LTr, 1999. p. 144/5.
(69) DELGADO, Mauricio Godinho. *Curso de Direito do Trabalho*. 12 ed. São Paulo: LTr, 2013. p. 507.

Contrato de trato sucessivo, as obrigações se renovariam ao longo do contrato de trabalho, que é também contrato de atividade por ter por objeto prestação de fazer, ou seja, a obrigação de prestar trabalho a cargo do empregado.

Seria contrato oneroso por se tratar de contrato com obrigações mais ou menos mensuráveis do ponto de vista econômico.

A alteridade também seria uma característica do contrato de trabalho por se tratar de contrato que corre por conta e risco de pessoa diferente da que presta serviços.

Finalmente, o contrato de trabalho seria complexo por ser um contrato do qual poderiam surgir diversos outros contratos acessórios.

De algumas destas características do contrato de trabalho, apontadas acima, surgem conclusões importantes para o presente estudo.

2.4 Exceção do contrato não cumprido

O fato de o contrato individual de trabalho se caracterizar como um contrato sinalagmático traz consequências importantes nas hipóteses de inadimplemento salarial do empregador.

Délio Maranhão[70] cita De Page ao lecionar que a *exceptio non adimpleti contractus* permite que, nos contratos sinalagmáticos, uma parte suspenda a execução das suas obrigações do contrato até que a outra se disponha a executar a sua contraprestação. Seria assim um meio de defesa possível de ser levantado nos casos de obstáculos temporários à execução do contrato, conforme leciona Délio Maranhão.

Para o mesmo autor, a exceção de inexecução tem incidência no contrato de trabalho por ser menos gravosa do que a rescisão contratual. Assim, quem pode chegar ao extremo de considerar rescindido o contrato de trabalho, em virtude da falta cometida pela outra parte, também pode menos, que é suspender a sua obrigação contratual até que a outra parte dê provas de que cumprirá as suas obrigações.

---

(70) "Nas palavras de De Page, "a exceção de inexecução" (ou exceção *non adimpleti contractus*) permite, nos contratos sinalagmáticos, ao co-contratante que não recebe a contraparte da execução das obrigações que lhe incumbem, retardar a execução de suas próprias obrigações até o momento em que a outra parte execute ou se disponha a executar as suas. SÜSSEKIND, Arnaldo; MARANHÃO, Délio; VIANNA, Segadas; TEIXEIRA FILHO, João de Lima. *Instituições de Direito do Trabalho*. V.1. 22. ed. São Paulo: LTr, 2005. p. 563.

A utilização da "exceção de inexecução" para Délio Maranhão deve ter como fundamento um descumprimento grave das obrigações contratuais, concernente a uma das principais obrigações ou condições do contrato de trabalho e ser arguida de acordo com a boa fé contratual.

O inadimplemento salarial, a partir deste ensinamento de Délio Maranhão, pode fundamentar a arguição da exceção de inexecução do contrato por parte do empregado, já que a obrigação de pagar salário é a principal obrigação do patrão.

Se o descumprimento da obrigação de pagar salário pode ensejar até mesmo a ruptura do contrato de trabalho pela falta grave cometida pelo empregador, nos termos do art. 483 da CLT alínea *d*: "não cumprir o empregador as obrigações do contrato", então, logicamente, o inadimplemento salarial possibilitaria a arguição da *exceptio non adimpleti contractus*, de maneira que o empregado poderia sustar a prestação de trabalho até que o empregador quitasse as suas dívidas.

A sustação da prestação de labor justificar-se-ia ainda mais tratando-se de inadimplemento salarial qualificado, hipótese em que o empregador, deliberadamente, deixa de pagar salário, verbas de natureza salarial ou demais direitos ou vantagens previstos em lei, contrato ou instrumentos coletivos.

2.5 Comutatividade do contrato individual de trabalho

Da classificação do contrato individual de trabalho como contrato comutativo, infere-se que o salário deve ser pago com a pontualidade prevista no art. 459, § 1º da CLT, sob pena de rompimento do equilíbrio do contrato de trabalho.

O fato de o contrato individual de trabalho ser contrato do tipo comutativo significa que da relação contratual surgem obrigações contrapostas e equivalentes para ambas as partes.

A principal obrigação do empregado é prestar trabalho, enquanto que a principal obrigação do empregador no curso do contrato de trabalho é pagar o salário ajustado[71].

Em caso de inadimplemento, por parte do empregado, da sua obrigação de prestar trabalho, a legislação abre a possibilidade de rescisão do contrato de trabalho por justa causa (art. 482, *e*, ou *h* da CLT).

---

(71) SÜSSEKIND, Arnaldo; MARANHÃO, Délio; VIANNA, Segadas; TEIXEIRA FILHO, João de Lima. *Instituições de Direito do Trabalho*. V.1. 22. ed. São Paulo: LTr, 2005. p. 258/9.

Da mesma forma, no caso de inadimplemento, por parte do empregador, da sua mais importante obrigação decorrente do contrato de trabalho, que é a de pagar salário, a legislação faculta ao empregado considerar rescindido o contrato e pleitear os respectivos consectários (art. 483, *d*, da CLT).

O inadimplemento salarial qualificado, com muito mais razão, é hipótese ensejadora da rescisão do contrato de trabalho por justa causa, já que o mero inadimplemento da obrigação de pagar salário no curso do contrato caracteriza-se como fato relevante para o reconhecimento da justa causa patronal pelo que prescreve o art. 483 da CLT: "*d*) não cumprir o empregador as obrigações do contrato."

Além de ensejar a ruptura contratual pela falta do empregador, o inadimplemento salarial e o inadimplemento salarial qualificado acarretam a própria descaracterização do contrato individual de trabalho como contrato comutativo.

O não cumprimento, por parte do empregador, da sua obrigação de pagar salário pontualmente causa danos à ordem jurídica e aos trabalhadores lesados, danos estes que precisam ser compensados e reparados, sobretudo nos casos de inadimplemento salarial qualificado.

Mais do que o simples reconhecimento da falta patronal ensejadora de dispensa por justa causa, o inadimplemento salarial qualificado deve acarretar, ainda, a punição do empregador que fez mau uso da sua liberdade de agir e rompeu a comutatividade do contrato individual de trabalho e a igualdade contratual.

Portanto, se à situação de inadimplemento se soma também uma conduta abusiva por parte do empregador, que suplante o mero inadimplemento salarial e não paga ao empregado o seu salário, parcelas salariais, verbas trabalhistas, ou verbas rescisórias no prazo fixado em lei, então deve haver a sanção do empregador que gere desestímulo a condutas semelhantes no futuro. O inadimplemento salarial qualificado será estudado no próximo capítulo.

Em todas as hipóteses de mora ou inadimplemento, qualificado ou não, o empregador deve reparar o dano material e compensar o dano moral sofrido pelo empregado tendo em vista a vulneração do seu direito fundamental ao recebimento de salário, cujo adimplemento, nos termos do art. 459, § 1º da CLT, traduz-se em dever inerente à condição de empregador. O empregador é quem suporta o risco do empreendimento e também aufere os lucros dele resultantes.

A responsabilidade de pagar pontualmente o salário é fixada de maneira objetiva pela legislação do trabalho e o empregador não se exime de sua responsabilidade ainda que não incorra em culpa.

Ora, se do não cumprimento da obrigação de pagar salário, por parte do empregador, houver prejuízos à esfera patrimonial ou moral do empregado, o empregador deve ressarcir e compensar todos os danos suportados pelo trabalhador.

2.6 Conceito de Inadimplemento

O inadimplemento da obrigação é a inexecução da obrigação imputável ao devedor. A inexecução é verificada quando o devedor não cumpre a obrigação convencionada, voluntária ou involuntariamente[72]. A esta situação de fato, inexecução, soma-se a imputação subjetiva ou objetiva.

O inadimplemento, portanto, é a inexecução da obrigação pactuada, qualificada pela imputação.

A inexecução do contrato pode resultar de fato imputável ou não ao devedor. Caso haja, por parte do devedor culpa na inexecução da obrigação, conceitua-se esta situação de fato como inexecução imputável por culpa ou, simplesmente, inadimplemento culposo.

A presunção é a de que, não cumprida a obrigação, há culpa por parte do devedor e, portanto, inadimplemento[73].

Caberá ao devedor a prova de que ocorreu caso fortuito ou força maior para se desonerar da sua responsabilidade pela teoria geral das obrigações.

No Direito Civil, caso não haja, por parte do devedor, culpa e o inadimplemento decorra de evento estranho e superior à vontade do devedor e ainda superveniente e não contemporâneo ao nascimento da própria obrigação, não haveria responsabilidade por perdas e danos, mas extinção da própria obrigação.

A regra geral na esfera das obrigações civis é a de que o devedor somente seja responsabilizado por perdas e danos quando incorre em culpa na inexecução da obrigação contratual, embora esta culpa seja presumida. Quando o inadimplemento dá-se por motivos que não se caracterizem como imputáveis ao devedor, por não haver a culpa em sentido *lato*, não haveria

---

(72) GOMES, Orlando. *Obrigações*. 17. ed. 2ª tiragem. Rio de Janeiro: Forense, 2007. p. 173.
(73) GONÇALVES, Carlos Roberto. *Teoria Geral das Obrigações*. v. 2. 7. ed. São Paulo: Editora Saraiva, 2010. p. 369.

que se falar em responsabilidade por perdas e danos, mas ficaria a cargo do devedor provar o fortuito que o exonere de responsabilidade.

Ao lado do inadimplemento a doutrina civilista define a mora. A mora se distingue do inadimplemento por ser o cumprimento parcial ou falho da obrigação, que ainda se mostra útil ao credor. A mora diz respeito não apenas ao tempo em que a obrigação que ainda aproveita ao credor é cumprida, mas também às condições de forma e lugar[74].

Assim como o inadimplemento, a mora depende do elemento culpa para ser configurada, embora esta seja presumida pelo não cumprimento das obrigações nas condições pactuadas. Além disso, a obrigação deve ser certa, líquida e vencida para que incorra o devedor em mora[75].

Conforme o brocardo latino *dies interpellat pro homine*, regra no Direito Civil, não há necessidade de que exista a notificação do devedor para o cumprimento da obrigação para que seja configurada a mora, bastando que haja o vencimento do termo.

A mora, da mesma forma que o inadimplemento, importará no ressarcimento do credor pelas perdas e danos.

As perdas e danos nada mais são do que o valor do prejuízo efetivamente sofrido (dano emergente) e do lucro cessante em virtude da inexecução (imputável) da obrigação[76]-[77].

Contudo, em alguns casos, a legislação ou o contrato atribuem ao devedor a responsabilidade sem culpa, de maneira que a imputação de responsabilidade prescinde de culpa, ou seja, há a imputação objetiva pela inexecução da obrigação.

---

(74) WALD, Arnoldo. *Obrigações e Contratos*. Curso de Direito Civil Brasileiro. V. 2. 11. ed. São Paulo: Saraiva, 1994. p. 85.
(75) "A mora *debitoris* pressupõe uma dívida líquida e certa, vencida e não paga em virtude de culpa do devedor. No campo dos atos jurídicos, não há mora se a dívida não for líquida, ou seja, certa quanto a sua existência, e ao seu valor, ou se não for vencida, dependendo de termo ou de condição. O elemento culpa para caracterizar a mora está explícito no capítulo do Código Civil que regula a matéria: "Não havendo fato ou omissão imputável ao devedor, não incorre este em mora." O atual Código Civil manteve a redação em seu artigo 396: "Não havendo fato ou omissão imputável ao devedor, não incorre este em mora.." WALD, Arnoldo. *Obrigações e Contratos*. Curso de Direito Civil Brasileiro. V. 2. 11. ed. São Paulo: Saraiva, 1994. p. 85.
(76) "A expressão perdas e danos, que não se apresenta com a felicidade de exprimir seu exato conceito, nada mais significa do que os prejuízos, os danos, causados ante o descumprimento obrigacional." AZEVEDO, Álvaro Villaça. *Teoria Geral das Obrigações*. 8. ed. São Paulo: Editora Revista dos Tribunais, 2000. p. 238.
(77) WALD, Arnoldo. *Obrigações e Contratos*. Curso de Direito Civil Brasileiro. V. 2. 11. ed. São Paulo: Saraiva, 1994. p. 114.

Nestes casos de imputação objetiva de responsabilidade o inadimplemento ocorre pela mera inexecução da obrigação. A justificativa da imputação objetiva é a melhor tutela dos interesses do credor.

Assim, a legislação civil atribui responsabilidade sem culpa ao devedor em casos em que o credor é hipossuficiente, como, por exemplo, no contrato de transporte de passageiros[78] em que o devedor normalmente é uma sociedade empresária com muito mais poder econômico do que o seu passageiro contratante que simplesmente adere a um contrato de adesão.

Ocorrido o inadimplemento, o contratante inadimplente deve indenizar a outra parte, repondo-a na situação econômica devida, ou seja, o contratante que não executa a sua obrigação – inexecução imputável por culpa ou de forma objetiva - deve indenizar a outra parte pelos danos emergentes e lucros cessantes sofridos pela parte credora.

Além da reparação econômica é devida ainda a compensação por eventuais danos morais sofridos pelo credor. Neste sentido caminha a doutrina e jurisprudência civilistas há muito tempo[79]-[80].

Com efeito, desde a promulgação da Constituição da República de 1988 não restam dúvidas de que os danos morais sofridos devem ser compensados pela parte inadimplente quando a inexecução imputável possui o efeito de vulnerar direitos da personalidade do credor, nos termos do que prescreve o artigo 5º, X da CRFB/88[81].

---

(78) Art. 734. O transportador responde pelos danos causados às pessoas transportadas e suas bagagens, salvo motivo de força maior, sendo nula qualquer cláusula excludente da responsabilidade.
(79) "A doutrina moderna dominante tem defendido a ressarcibilidade do dano moral (Filadelfo de Azevedo, Pontes de Miranda, Orozimbo Nonato), mas a jurisprudência tem oposto reservas à tese, tendo o Supremo Tribunal Federal, nos últimos anos, contemplando poucos casos em que se pleiteava tal ressarcimento embora se sinta uma tendência *de lege ferenda* no sentido de permitir tal indenização." WALD, Arnoldo. *Obrigações e Contratos*. Curso de Direito Civil Brasileiro. V. 2. 11. ed. São Paulo: Saraiva, 1994. p. 119.
(80) "Se o dano for moral, para que se indenize, certamente, no Direito brasileiro, é preciso que agrida direitos da personalidade, com ou sem reflexos de perda patrimonial. (...) Esta é a situação, atualmente, a partir da Constituição de 05.10.1988, que, no inc. X de seu art. 5º, admitiu, expressamente, a indenização do dano moral, nestes termos: "São invioláveis a intimidade, a vida privada, a honra e a imagem das pessoas, assegurando o direito à indenização pelo dano material ou moral decorrente de sua violação." AZEVEDO, Álvaro Villaça. *Teoria Geral das Obrigações*. 8. ed. São Paulo: Editora Revista dos Tribunais, 2000. p. 239.
(81) Art. 5º Todos são iguais perante a lei, sem distinção de qualquer natureza, garantindo-se aos brasileiros e aos estrangeiros residentes no País a inviolabilidade do direito à vida, à liberdade, à igualdade, à segurança e à propriedade, nos termos seguintes: (...) X - são invioláveis a intimidade, a vida privada, a honra e a imagem das pessoas, assegurado o direito a indenização pelo dano material ou moral decorrente de sua violação;

Para o direito civil, em certos casos de inexecução da obrigação, não haveria que se falar em ressarcimento de perdas e danos por estar ausente o elemento culpa no ato do devedor[82].

Contudo, o conceito de inadimplemento é mais amplo e corresponde à inexecução da obrigação imputável ao devedor, de maneira que a imputação de responsabilidade pode ser subjetiva ou objetiva, ou seja, respectivamente, decorre de culpa do devedor ou prescinde da culpa para fins de responsabilidade em virtude da existência de lei ou de contrato neste sentido[83].

Mesmo que se entenda que a imputação objetiva de responsabilidade pelas perdas e danos não amplie o próprio conceito de inadimplemento, mantendo-se este conceito restrito às hipóteses de inexecução culposa da obrigação, o certo é que há responsabilidade do devedor pelas perdas e danos sofridas pelo credor quando o contrato ou a lei assim regulem.

Assim, mesmo em alguns casos em que não esteja presente o elemento culpa na inexecução da obrigação, haverá, por parte do devedor, o dever de indenizar as perdas e danos e compensar eventuais danos morais suportados pelo credor em virtude de lei ou contrato neste sentido.

O caso fortuito e a força maior seriam acontecimentos que excluiriam a responsabilidade do devedor. Duas teorias discorrem sobre a exclusão da responsabilidade do devedor nas relações jurídicas civis. A teoria objetiva leva em consideração a imprevisibilidade e/ou a irresistibilidade do acontecimento que impede o cumprimento da obrigação.

Por outro lado, para a teoria subjetiva basta, para a exclusão de responsabilidade, o fato de o devedor ter observado a diligência do homem médio ou "bom pai de família", considerando-se fortuita a inexecução da obrigação sem culpa do devedor.

A teoria subjetiva se distingue da teoria objetiva por liberar o devedor da obrigação de reparar perdas e danos, prescindindo, para isso, da existência de "acontecimento natural, extraordinário, imprevisível e inevitável" [84], bastando para a liberação que não tenha o devedor concorrido com culpa para a inexecução do contrato ou obrigação.

---

(82) Neste sentido a regra geral do Código Civil conforme os artigos 234, 239, 240, 248, 250 e 256 do CCB.
(83) Art. 927. (...) "Parágrafo único. Haverá obrigação de reparar o dano, independentemente de culpa, nos casos especificados em lei, ou quando a atividade normalmente desenvolvida pelo autor do dano implicar, por sua natureza, risco para os direitos de outrem."
(84) GOMES, Orlando. *Obrigações*. 17. ed. 2ª tiragem. Rio de Janeiro: Forense, 2007. p. 181.

2.7 Inadimplemento das Obrigações Civis

O inadimplemento das obrigações civis conforme estudado no item 2.1 anterior, como regra, gera repercussões sobre a esfera patrimonial do credor que sofre com o inadimplemento um prejuízo de expressão pecuniária.

Também com o inadimplemento surge para o credor a possibilidade de exigir perdas e danos ao devedor que concorreu com culpa em sentido lato para a inexecução da obrigação. A culpa do devedor é presumida cabendo a ele o ônus de provar fato excludente de sua responsabilidade.

Em alguns casos, a legislação prescinde de culpa em sentido lato para que mesmo na ausência de culpa surja a responsabilidade do devedor que deixa de executar a sua obrigação.

Nestes casos, fala-se de responsabilidade objetiva, hipótese em que se prescinde da culpa para fins de imputação de responsabilidade ao devedor. Nestas hipóteses não se fala em inadimplemento, mas de mera inexecução da obrigação da qual nasce a responsabilidade por força de lei ou do contrato, independente de culpa.

O inadimplemento da obrigação civil tradicionalmente possui feição estritamente patrimonial e a legislação buscou *prima facie* recompor o patrimônio do credor lesado por meio da imposição ao devedor de ter que arcar com as perdas e danos. Com o tempo, somou-se à recomposição patrimonial do credor ofendido também a recomposição moral por meio do reconhecimento do cabimento de indenização por danos morais caso do inadimplemento adviessem ofensas aos direitos de personalidade do credor.

Um exemplo citado por muitos autores civilistas é o do fotógrafo contratado para uma festa de casamento e que por culpa sua deixasse de comparecer ao evento. Em casos como este a doutrina e a jurisprudência reconhecem a existência de dano moral a ser compensado pela parte faltosa.

Tal reconhecimento do dano moral se dá in *re ipsa*, ou seja, prescinde-se da prova do dano moral. Bastaria para o reconhecimento do direito a prova de fato do qual se extraia a vulneração dos direitos de personalidade do devedor.

De fato, a exigência de que o devedor provasse o efetivo dano moral seria o mesmo que exigir a produção de prova impossível porque o dano é de difícil aferição e dimensionamento. A exigência redundaria no próprio não reconhecimento do direito.

Cabe apenas ao juiz observar a partir das provas dos autos a existência de fato imputável ao devedor do qual se extraia a vulneração dos direitos de personalidade. A prova do dano é dispensável por ser impossível na maioria das vezes, cabendo apenas a prova de fato do qual se possa inferir o dano.

A regra geral na esfera das obrigações civis é a de que do inadimplemento (inexecução imputável ao devedor) surjam as perdas e danos com a recomposição patrimonial do credor pelo prejuízo, que na maioria das relações de natureza civil é tão somente de cunho patrimonial e apenas em alguns casos atinge direitos de personalidade do credor a ponto de ensejar o reconhecimento do dever de compensar o dano moral.

Portanto, a regra do inadimplemento das obrigações civis é a de que não haja ofensa a ponto de ensejar a vulneração de direitos de personalidade, sobretudo, tendo o contrato por objeto a obrigação de dar. Nesta modalidade de obrigação, normalmente, é possível a recomposição do *status quo* anterior sem se chegar à violação do contrato a ponto de vulnerar direitos de personalidade do credor.

2.8 Inadimplemento das obrigações do empregador relativas ao pagamento de salário e suas consequências

A mora ou o inadimplemento da obrigação de pagar salário e demais verbas salariais por parte do empregador gera na vida do empregado prejuízos diversos. O salário é na ampla maioria das vezes a única fonte de renda do empregado, renda com a qual irá custear todas as suas despesas pessoais e de sua família.

O salário, portanto, possui um caráter existencial além de ser a contraprestação pelo trabalho do empregado.

A mora ou inadimplemento do salário criam para o empregador um enriquecimento sem causa, já que este recebe o trabalho prestado, mas deixa de prestar a sua obrigação que é a de pagar salário[85].

O contrato de trabalho tem por objeto a prestação de trabalho pelo empregado, prestação esta que só terá a sua correlata contraprestação no mês subsequente – salário.

A energia despendida pelo empregado durante o contrato de trabalho em prol do empregador não pode ser devolvida, diferentemente do que ocorre com as obrigações civis que tem por objeto a obrigação de dar uma coisa.

---

(85) Código Civil: Art. 884. Aquele que, sem justa causa, se enriquecer à custa de outrem, será obrigado a restituir o indevidamente auferido, feita a atualização dos valores monetários.

O inadimplemento ou a mora da obrigação de pagar salário desequilibra o contrato de trabalho e gera danos que repercutem nos direitos de personalidade do empregado, pois a despeito de ter cumprido a sua parte no contrato, o empregado se vê privado da sua única fonte de sustento.

Pela jurisprudência consolidada do TST, a mora no cumprimento da obrigação de pagar salário gera a atualização dos valores salariais a contar do primeiro dia do mês[86].

Além da correção monetária, que nada mais representa do que a atualização do salário conforme a inflação, deve haver também a reparação do credor empregado por todos os prejuízos materiais sofridos. Exemplo de danos materiais frequentes suportados pelo trabalhador são os juros moratórios pelo vencimento de contas de luz, gás e telefone.

Tratando-se de salário, que como observado no capítulo anterior da dissertação possui caráter eminentemente existencial por garantir a sobrevivência do homem trabalhador, deve-se reconhecer que a mora salarial do empregador gera danos aos direitos de personalidade do trabalhador, impondo-se a compensação pelo dano moral sofrido pelo obreiro.

A mora no cumprimento da obrigação se distingue do inadimplemento pelo fato de que neste o cumprimento da obrigação não mais aproveitar ao credor. Já na mora, embora não cumprida nas condições de tempo, lugar e forma pactuadas a obrigação ainda aproveita ao credor.

A decisão quanto ao aproveitamento ou não da obrigação cabe ao credor de salário – empregado –, notando-se, contudo, que atrasos irrelevantes não são suficientes para gerar o inadimplemento da obrigação. Pode-se permitir nestas hipóteses que o devedor-empregador purgue a mora em atenção ao princípio da continuidade da relação de emprego.

Porém, não se afigura razoável a exigência de que o atraso no cumprimento da obrigação de pagar salário seja de meses para a configuração do inadimplemento salarial e reconhecimento da ruptura contratual por falta grave do empregador.

O operador do Direito do Trabalho deve ter em mente que o salário é quase sempre a única fonte de renda do empregado.

---

(86) Súmula 381 do TST: O pagamento dos salários até o 5º dia útil do mês subsequente ao vencido não está sujeito à correção monetária. Se essa data limite for uLTrapassada, incidirá o índice da correção monetária do mês subsequente ao da prestação dos serviços, a partir do dia 1º.

Capítulo III
Inadimplemento Salarial Qualificado

3.1 Inadimplemento salarial qualificado

O inadimplemento salarial qualificado assemelha-se ao crime qualificado[87]. O crime qualificado pode ser conceituado como o crime que é cometido com elementares que fazem surgir tipo penal distinto do crime original[88].

O grau de reprovabilidade social da conduta do agente que comete o crime qualificado é maior e enseja a aplicação de uma pena mais rigorosa do que a pena cominada para o crime original.

---

(87) "De outra parte, cumpre distinguir as qualificadoras das causas de aumento de pena, gerais ou especiais: nestas não são previstos limites penais (mínimo e máximo), mas determinado *quantum* de aumento da pena, fixo ou variável; naquelas, porém, há a cominação de nova pena – tipo derivado – com limites mínimo e/ou máximo distintos do tipo fundamental. Demais disso, enquanto as qualificadoras estabelecem as margens penais para o cálculo da pena-base, as causas de aumento e de diminuição, quando presentes, atuam na terceira fase de determinação judicial da pena." PRADO, LUIZ REGIS. Curso de Direito Penal Brasileiro. V. 1. 3. ed. São Paulo: Editora Revista dos Tribunais, 2002. p. 438/9.

(88) "O tipo penal, além dos seus elementos essenciais, sem os quais a figura típica não se completa, pode ser integrado por outras circunstâncias acidentais que, embora não alterem a sua constituição ou existência, influem na dosagem final da pena. Essas condições são, como afirma Aníbal Bruno, "condições acessórias, que acompanham o fato punível, mas não penetram na sua estrutura conceitual e, assim, não se confundem com os seus elementos constitutivos. Vêm de fora da figura típica, como alguma coisa que se acrescenta ao crime já configurado, para impor-lhe a marca de maior ou menor reprovabilidade". Circunstâncias, na verdade, são dados, fatos, elementos ou peculiaridades que apenas circundam o fato principal. Não integram a figura típica, podendo, contudo, contribuir para aumentar ou diminuir a sua gravidade. Para se distinguir uma elementar do tipo penal de uma simples circunstância do crime basta excluí-la, hipoteticamente, se tal raciocínio levar à descaracterização do fato como crime ou fizer surgir outro tipo de crime, estar-se-á diante de uma elementar. Se, no entanto, a exclusão de determinado requisito não alterar a caracterização do crime, tratar-se-á de uma mera circunstância do crime. Cumpre destacar, porém, que somente os tipos básicos contêm as elementares do crime, porquanto os chamados tipos derivados – qualificados – contêm circunstâncias especiais que, embora constituindo elementos específicos dessas figuras derivadas não são elementares do crime básico, cuja existência ou inexistência não alteram a definição deste. Assim, as qualificadoras, como dados acidentais, servem apenas para definir a classificação do crime derivado, estabelecendo novos limites mínimo e máximo, cominados ao novo tipo. Concluindo, as elementares são componentes do tipo penal, enquanto as circunstâncias são moduladoras da aplicação da pena, e são acidentais, isto é, podem ou não existir na configuração da conduta típica. As circunstâncias, que não constituem nem qualificam o crime, são conhecidas na doutrina como circunstâncias judiciais, circunstâncias legais e causas de aumento e de diminuição da pena." BITTENCOURT, Cezar Roberto. Tratado de Direito Penal. Parte Geral 1. Editora Saraiva. 17ª Edição. 2012. Página 752/3.

Além das elementares que criam novo tipo penal, a lei penal leva em consideração como circunstâncias que aumentam a pena, além de outras, as circunstâncias do crime (art. 59 CP), as suas consequências e as condições pessoais da vítima[89].

Da mesma forma, o inadimplemento salarial qualificado distingue-se do inadimplemento salarial comum porque naquele se associam elementares e circunstâncias[90] que tornam o fato mais reprovável, o que exige uma resposta mais enérgica do Direito contra o agente infrator.

No inadimplemento salarial qualificado, portanto, além das consequências previstas na legislação para o inadimplemento salarial comum, tais como o reconhecimento da rescisão indireta do contrato de trabalho, também se impõem: a punição do agente de maneira compatível e proporcional com a lesão perpetrada contra a ordem jurídica, a reparação e a compensação dos danos causados pelo agente e a adoção de medidas de prevenção a futuras lesões sociais.

As elementares ou circunstâncias que constituem o inadimplemento salarial qualificado são de dois tipos, as que violam frontalmente os limites lógico-formais do direito e as que violam os limites axiológico-materiais, ou seja, podem derivar da frontal violação da lei ou podem decorrer da afronta a limites fixados para o exercício de prerrogativas individuais.

De uma forma ou de outra, há que se reconhecer o inadimplemento salarial qualificado quando presentes os elementos caracterizadores.

3.2 Abuso do direito

O abuso do direito durante muito tempo foi ignorado pelo legislador brasileiro. O art. 160, I do Código Civil de 1916 não adotou expressamente o conceito de abuso do direito, mas, pela sua redação, pode se inferir, a *contrario sensu,* que o legislador foi influenciado pela teoria do abuso do direito, já que há vedação ao exercício irregular ou anormal de um direito[91].

---

(89) BITTENCOURT, Cezar Roberto. *Tratado de Direito Penal.* v. 1. 17. ed. São Paulo: Editora Saraiva, 2012. p. 757.
(90) "Circunstância é, pois, todo fato, relação ou dado concreto, determinado, que é considerado pela lei para medir a gravidade do injusto ou da culpabilidade." PRADO, Luiz Regis. *Curso de Direito Penal Brasileiro.* V. 1. 3. ed. São Paulo: Editora Revista dos Tribunais, 2002. p. 422.
(91) Art. 160. Não constituem atos ilícitos: I. Os praticados em legítima defesa **ou no exercício regular de um direito reconhecido.**

O Código Civil de 2002 expressamente adotou o conceito de abuso do direito[92]. Pela redação do art. 187 do CCB vigente, extrai-se que o abuso do direito seria uma modalidade de ato ilícito.

Há autores que entendem que desde os romanos já havia a preocupação com os atos emulativos, ou seja, os atos praticados com o único intuito de se prejudicar outrem[93]. De tais atos emulativos teria surgido a teoria do abuso do direito.

Na doutrina francesa e na brasileira há muito tempo tem sido debatida a existência ou não do abuso do direito enquanto categoria jurídica autônoma.

Para os negativistas, o ato abusivo seria ato que invadiria o plano da própria ilicitude e, portanto, aquele que comete abuso age sem direito. Neste sentido segue a doutrina de Raymond Saleilles, Léon Duguit e Marcel Planiol.

Duguit contestava a teoria do abuso do direito por entender que não se pode abusar daquilo que não existe – Duguit contestava o próprio conceito de direito subjetivo. Para ele o abuso do direito não seria mais do que um ato ilícito por afrontar o próprio direito objetivo.

Planiol negava a existência autônoma do abuso do direito por sustentar que o direito subjetivo seria absoluto. Para o autor, o direito subjetivo existe ou não existe, de maneira que o direito cessaria onde começaria o abuso[94]. Um ato não poderia ser ao mesmo tempo contrário e conforme o direito, sob pena de se incorrer em contradição insolúvel.

---

(92) Art. 187. Também comete ato ilícito o **titular de um direito** que, ao exercê-lo, **excede manifestamente os limites** impostos pelo seu fim econômico ou social, pela boa fé ou pelos bons costumes.
(93) "Contudo, uma análise mais detida da história comprova que a noção do abuso do direito já existia à época, inclusive a ponto de influenciar o nascimento de conceitos do quilate da máxima proferida por Cícero, *summum jus summa injuria* (De Officiis, I, 10) – do excesso do direito resulta a suprema injustiça; da proferida por Paulo, *non omne quod licet honestum est* (D. 50, 17) – nem todo ato lícito é honesto; por Ulpiano, **juris praecepta haec sunt honeste vivere, neminem laedere, suum cuique tribuere** – viver honestamente, não prejudicar ninguém e dar a cada um o que é seu; por Celso, **malitis non est indulgendum** – a malícia não merece indulgência; pelo imperador Leão, **ususquisque suis fruatur et non inhiet alienis** – nossos direitos devem ser exercidos sem o intuito de prejudicar os dos outros (Cód. 10, 15, lei única, *in fine*) e outras. Ademais, desde o Direito Romano clássico se conhecia a doutrina dos atos de "emulação", ou seja, dos atos praticados com a finalidade exclusiva de prejudicar o outro. E foi a prática frequente da **aemulatio** que, já no direito medieval, impôs a limitação do exercício dos direitos subjetivos para o âmbito de sua finalidade social." LAUTENSCHLÄRGER, Milton Flávio De Almeida Camargo. *Abuso do Direito*. São Paulo: Atlas Jurídico, 2007. p. 27/8.
(94) "**A argumentação de Marcel Planiol, formulador desta teoria, foi sintetizada na máxima "o direito cessa onde começa o abuso", ou seja, está centrada na ideia de que um só ato não pode ser simultaneamente contrário e conforme ao direito.** Afirma o eminente jurista que a fórmula "uso abusivo de um direito" é uma logomaquia, isto é, uma verdadeira "luta de palavras." CARPENA, **Heloísa**. *Abuso do Direito nos Contratos de Consumo*. **Rio de Janeiro: Renovar, 2001. p. 44.**

Portanto, sob a ótica dos negativistas, consagrado o direito, não haveria que se indagar fatores outros que pudessem inquinar de vício o ato cometido pelo seu titular. Não haveria diferenças ontológicas entre ato abusivo e ato ilícito na ótica dos autores negativistas.

Para a teoria afirmativa, no entanto, o abuso do direito é uma categoria jurídica autônoma, distinta do ato ilícito porque o ato abusivo afronta não a estrutura lógico-formal do direito subjetivo, mas sim o fundamento axiológico-material.

No abuso, o direito subjetivo excede limites fixados pelo direito, limites estes impostos pelo fim econômico ou social, pela boa fé ou pelos bons costumes e por isso perde a legitimação conferida pela ordem jurídica.

É por esse motivo que o ato abusivo possui aparência de ato conforme o direito. Há a observância do direito subjetivo na sua literalidade, porém o ato afronta valores albergados pela ordem jurídica.

No direito pátrio, contudo, não foram todos os autores que reconheceram a existência do abuso do direito como categoria jurídica autônoma. Dentre estes, Pontes de Miranda e Carvalho Santos entendiam que o abuso do direito nada mais era do que ato ilícito. Negavam assim a sua existência enquanto categoria jurídica autônoma[95].

O art.187 do Código Civil define expressamente o abuso do direito como ato ilícito. No entanto, isto não quer dizer que não haja diferenças ontológicas entre abuso do direito e o ato ilícito propriamente dito. Apenas o conceito de ato ilícito previsto no Código Civil vigente foi estendido, de forma a albergar também o abuso do direito.

A antijuridicidade do ato abusivo é dissimulada por este se travestir de exercício legítimo de uma posição jurídica de vantagem[96], não apenas de um direito subjetivo consagrado pela lei, mas também da própria liberdade de agir quando não há vedação legal da conduta.

---

(95) "Entre os juristas pátrios, não são poucos aqueles que repudiam a distinção, dentre estes, Pontes de Miranda, para quem, "o abuso do direito é ato ilícito, porque exercício irregular." No mesmo sentido, J. M. Carvalho Santos, afirmando que "o abuso de direito não pode ser estudado senão como figurando dentro da teoria geral do ato ilícito." CARPENA, Heloísa. Abuso do Direito nos Contratos de Consumo. Rio de Janeiro: Renovar, 2001. p. 58.

(96) "Primeira ressalva: no direito privado não é permitido apenas o que a lei expressamente autoriza, mas, ao menos *prima facie*, tudo aquilo que a lei não expressamente proíba. Assim, a existência do direito não decorre da previsão legal, mas da inexistência de vedação legal. Esse direito caracterizado como abuso existe *prima facie*, no plano abstrato. Ao efetuar a ponderação, percebe-se que o direito existente *prima facie* não existe no plano concreto. MARTINS, Ricardo Marcondes. Abuso de Direito e a Constitucionalização do Direito Privado. São Paulo: Malheiros, 2010. p. 94.

Para alguns, o abuso do direito encontra-se a meio caminho do ato ilícito, tratando-se de "ato jurídico de objeto lícito, mas cujo exercício levado a efeito sem a devida regularidade acarreta um resultado que se considera ilícito."[97]

O abuso pode estar presente não apenas no exercício do direito subjetivo, mas também no exercício de qualquer posição jurídica de vantagem ou prerrogativa individual: liberdades, faculdades e direitos potestativos[98].

Não prospera, portanto, o entendimento de alguns no sentido de que haveria direitos que não seriam suscetíveis ao abuso por serem direitos absolutos. Mesmo os direitos potestativos são suscetíveis de abuso por parte do seu titular, que não pode exercê-los olvidando de preceitos como a boa fé, bons costumes e fins sociais e econômicos[99].

O abuso do direito enseja o dever de indenizar nos moldes do que ocorre no ato ilícito desde que presentes os mesmos pressupostos[100].

Contudo, no abuso do direito, para fins de reparação do dano material ou compensação do dano moral, prescinde-se do elemento subjetivo (dolo ou culpa) e basta que o ato abusivo exceda os limites objetivos fixados em lei[101].

---

(97) VENOSA, Silvio de Salvo. *Teoria Geral do Direito Civil*: parte geral. 3. ed. São Paulo: Editora Atlas, 2003. p. 252.
(98) CARPENA, Heloísa. *Abuso do Direito nos Contratos de Consumo*. Rio de Janeiro: Renovar, 2001. p. 62.
(99) "Com o respeito que merece o posicionamento francês, nosso entendimento caminha em sentido diverso, isto é, no sentido da suscetibilidade da ocorrência do exercício irregular (ao menos em tese), mesmo nos casos que envolvem os chamados direitos potestativos. É verdade que, nestes casos, a dificuldade da intervenção do abuso do direito é imensa, tendo em vista a própria natureza dos preceitos envolvidos. Não obstante esse fato, desprezar completamente a suscetibilidade destes direitos ao abuso significa desprezar a infinita capacidade do ser humano de engendrar artifícios destinados a driblar imposições legais." LAUTENSCHLÄRGER, Milton Flávio de Almeida Camargo. *Abuso do Direito*. São Paulo: Atlas Jurídico, 2007. p. 100/1.
(100) "O ato abusivo ensejará responsabilidade civil nas mesmas condições que o ilícito, submetendo-se aos requisitos ou pressupostos do dever de indenizar, quais sejam: dolo ou culpa, dano e nexo causal. Tanto o ato ilícito quanto o ato abusivo são fonte do dever de indenizar quando o comportamento do agente seja passível de um juízo de censura. O dever de não abusar traduz-se no dever de atuar segundo a boa fé, segundo os bons costumes ou segundo a finalidade econômica ou social do mesmo direito, ou seja, dentro dos limites que, para o direito em questão, resultam do seu fundamento axiológico." CARPENA, Heloísa. *Abuso do Direito nos Contratos de Consumo*. Rio de Janeiro: Renovar, 2001. p. 65.
(101) "Assim é que para fins de reparação do dano causado pelo abuso do direito, a aferição da sua ocorrência pode não depender, inclusive, da existência de dolo ou culpa, mas, simplesmente de uma análise objetiva dos limites e conceitos contidos no âmbito do artigo 187. A única ressalva é que, nesta hipótese, a ocorrência do abuso do direito deve ser manifesta, ou seja, o exercício do direito deve ofender claramente os princípios de justiça e conceitos já delimitados." LAUTENSCHLÄRGER, Camargo, Milton Flávio de Almeida. *Abuso do Direito*. São Paulo: Atlas Jurídico, 2007. p. 104.

Tratando-se, por exemplo, de um ato emulativo, praticado com o intuito exclusivo de causar um prejuízo a outrem ou de um ato contrário à boa fé, bons costumes ou que se contraponha às finalidades sociais e econômicas do direito, não há de se questionar ou fazer prova acerca de culpa ou dolo.

Há, portanto, no tocante ao abuso do direito, majoritariamente na doutrina, a consolidação da teoria da responsabilidade civil objetiva[102].

O desafio a ser enfrentado pelo jurista é a conceituação do que seja boa fé, bons costumes, finalidade social e econômica do direito.

Estes conceitos podem ser utilizados para se aferir se houve no caso concreto o inadimplemento salarial qualificado.

A boa fé possui duplo significado. Do ponto de vista subjetivo, a boa fé "é essencialmente um estado ou situação de espírito que se traduz no convencimento da licitude de certo comportamento ou na ignorância da sua ilicitude, resultando de tal estado consequências favoráveis para o sujeito do comportamento."[103]

A boa fé objetiva, por outro lado, é cláusula geral a ser ajustada conforme o caso concreto e que impõe deveres jurídicos, limita o exercício de direitos subjetivos e serve de cânone de integração da norma jurídica[104].

Pela boa fé objetiva, exige-se um padrão de conduta honesto do contratante ou titular de uma posição jurídica de vantagem, a fim de que o objetivo do contrato seja atingido ou a finalidade do direito alcançada.

---

(102) "O passar dos anos e o desenvolvimento ligeiro experimentado pelas relações civis e comerciais evidenciaram a insuficiência dos conceitos clássicos da responsabilidade civil, ou seja, a necessidade flagrante de evoluir do conceito da culpa para a teoria do risco." LAUTENSCHLÄRGER, Milton Flávio de Almeida Camargo. *Abuso do Direito*. São Paulo: Atlas Jurídico, 2007. p. 103.
(103) ABREU, Jorge Manuel Coutinho. *Do abuso de direito*: ensaio de um critério em direito civil nas deliberações sociais. Coimbra: Livraria Almedina, 1999. p. 55.
(104) "Nesses casos o princípio da boa fé, por seu significado primacial de correção e lealdade, por sua inscrição em uma tradição sistematizadora, pela relativa vagueza semântica que o caracteriza – permitindo, em seu entorno, uma área de franja hábil a captar novas hipóteses não ainda tipificadas legal ou socialmente – mostra-se um instrumento da maior utilidade para resolver o "dilema do abuso", a saber: o de demarcar, no caso concreto, a extensão dos direitos e faculdades que não foram objeto de maior precisão legislativa. Mais do que isso, a boa fé permite até mesmo uLTrapassar a noção de abuso do direito – "construído, na doutrina, como conceito dogmático residual, para abranger situações de fato não enquadráveis no ordenamento jurídico – mas de definir causa de ilicitude (...)." Por essa razão há quem sustente que a boa fé não é apenas a mais importante das balizas do exercício jurídico: o princípio englobaria a categoria do abuso que, subsumido no princípio da boa fé objetiva, não teria "existência autônoma", mas demarcaria uma das três zonas funcionais do princípio. MARTINS-COSTA, Judith. Os avatares do Abuso do direito e o rumo indicado pela Boa fé. Trabalho apresentado ao Congresso Internacional de Direito Civil-Constitucional da Cidade do Rio de Janeiro. Rio de Janeiro, 2006. p. 36/37:

Um dos objetos do contrato de trabalho é a prestação de salário pelo empregador. Assim, em casos em que haja violação ao dever jurídico de lealdade contratual, com a criação de embaraços, por parte do empregador, para que o empregado receba seu salário, verbas rescisórias e outros consectários do contrato de trabalho, impõe-se o reconhecimento da sua conduta como violadora da boa fé objetiva o que se traduz em inadimplemento qualificado.

Da mesma forma, quando o empregador inadimplente viola os bons costumes, o inadimplemento salarial pode ser caracterizado como qualificado.

A consagração dos bons costumes como parâmetro para aferição do abuso do direito é o reconhecimento de que a consciência social dominante exerce importante papel no direito ainda hoje.

A primeira fonte do direito de que se tem notícia foi o costume, que exercia o papel de regular a vida em sociedade muito antes do surgimento das leis escritas. O costume consistia na consciência predominante de um povo acerca da justiça.

Com o surgimento do Estado, o poder de editar as normas que regulam a vida em sociedade se tornou incumbência do Poder Legislativo e os costumes foram reduzidos à tarefa secundária de suprir omissões legais.

Em determinados ramos do direito, porém, os costumes ainda se mantiveram como importante fonte de direito, tal como acontece no direito internacional e direito comercial.

A limitação dos direitos subjetivos aos bons costumes é reconhecimento de que a consciência social predominante ainda se mantém como importante instrumento para aferição da conduta, já que o indivíduo não vive isolado, mas em sociedade.

Já para se chegar ao conceito de "fim econômico ou social" previsto no art. 187 do CCB pode-se recorrer ao texto constitucional que disciplina a ordem econômica e a ordem social.

Pela Constituição da República no seu art. 170, "a ordem econômica, fundada na valorização do trabalho humano e na livre iniciativa, tem por fim assegurar a todos existência digna, conforme os ditames da justiça social (...)."

Pelo texto selecionado observa-se que a existência digna é o principal fim a ser perseguido pela ordem econômica, que se funda não apenas na livre iniciativa, como também na valorização do trabalho humano.

Já o artigo 193 da Constituição, que trata da ordem social, preceitua que "a ordem social tem como base o primado do trabalho, e como objetivo o bem-estar e a justiça sociais."

Sob a ótica da ordem social estabelecida pelo Poder Constituinte observa-se que a grande diretriz ou pilar da sociedade é o trabalho, cujo objetivo não é a produção de riquezas por motivos egoísticos, mas sim o alcance do bem-estar e da justiça social.

Tais diretrizes constitucionais devem servir, não apenas para a limitação do exercício do direito subjetivo a cargo do Poder Judiciário, como também para o controle e intervenção do Estado na relação jurídica em situações em que flagrantemente o empregador se afasta dos objetivos traçados pela Constituição.

3.3 Abuso do direito e inadimplemento salarial qualificado

O inadimplemento é a situação objetiva de não execução da obrigação, qualificada pela imputação ao devedor. A imputação, como visto no capítulo anterior, pode decorrer de culpa ou, como exceção, pode ser atribuída de maneira objetiva ao devedor em virtude de lei ou contrato.

O inadimplemento é uma situação anormal que contraria a regra dos contratos, regra esta que é a prestação da obrigação pactuada – adimplemento. O pagamento é a entrega da prestação contratual conforme pactuada no contrato[105].

Vencido o prazo para a satisfação da sua prestação, o devedor pode não entregá-la por motivos variados, sendo alguns motivos decorrentes de culpa sua e outros não.

Mesmo nos casos em que o inadimplemento ocorra por culpa do devedor, nada impede que se observe, no caso concreto, que há mais do que a culpa corriqueira ou comum da não satisfação da obrigação conforme convencionada no contrato.

Pode ocorrer, no caso concreto, que no agir do devedor inadimplente haja elementares ou circunstâncias que qualifiquem o inadimplemento salarial.

---

(105) "Satisfeita a prestação, o vínculo deixa de existir. O cumprimento da obrigação por esse modo chama-se, tecnicamente, pagamento." GOMES, Orlando. *Obrigações*. 17. ed. 2ª tiragem. Rio de Janeiro: Forense, 2007. p. 109/110.

Estas elementares ou circunstâncias podem decorrer da violação literal da norma – ato ilícito – ou podem ser de fundo axiológico-material, de forma a ensejar o reconhecimento do abuso. Neste tópico, trata-se da última hipótese.

Se o empregador deixa de adimplir a sua obrigação de pagar salário em afronta à finalidade econômica ou social do direito, à boa fé ou aos bons costumes, há que se reconhecer que o inadimplemento salarial é qualificado.

Assim, nos casos de abuso, há um inadimplemento salarial mais grave do que o normal. Em relação aos casos de abuso, há incidência do art. 187 do CCB como parâmetro normativo para a definição do inadimplemento salarial qualificado.

Nem sempre a violação do direito objetivo é patente e muitas vezes, há a aparência de exercício regular do direito pelo empregador, daí a importância de se recorrer ao conceito de abuso.

O abuso do direito pode, por exemplo, ocorrer no processo de recuperação judicial utilizado por certos empregadores como expediente para sobrestamento dos pagamentos de créditos trabalhistas vencidos. Em determinados casos, empresas sem a menor viabilidade econômica requerem recuperação judicial com o intuito de sobrestar o pagamento de dívidas líquidas, certas e vencidas, bem como, suspender execuções trabalhistas.

O prazo de suspensão das execuções trabalhistas pode ser estendido em um ano para os créditos vencidos até a data do pedido de recuperação judicial, excetuados os créditos vencidos nos três meses anteriores ao pedido de recuperação judicial, que deverão ser pagos.

Muitas vezes, a empresa é inviável economicamente e não teria o direito ao deferimento da recuperação judicial, concedida com o aval de sindicatos dos trabalhadores[106], que assistem a tudo passivamente ou agem em conluio com o empregador.

Há, em casos deste tipo, nítida subversão do fim social e econômico que inspirou a criação da recuperação judicial, excedendo o empregador manifestamente o direito de pleiteá-la, razão pela qual incorre em abuso do direito.

---

(106) "No caso de credores detentores de créditos trabalhistas, poderá haver a representação pelo respectivo sindicato, na ausência de atuação direta do empregado (art. 37, § 5º, da Lei n. 11.101/2005). O sindicato, para exercer tal mister, deverá apresentar ao administrador judicial, até 10 dias antes da assembleia, a relação dos associados que pretende representar (art. 37, § 6º, da Lei n. 11.101/2005). No caso de empregado filiado a mais de um sindicato, o próprio trabalhador deverá esclarecer qual sindicato o representará, até 24 horas antes da assembleia." TOMAZETE, Marlon. *Curso de Direito Empresarial. Falência e Recuperação de Empresas.* V. 3. 2. ed. São Paulo: Atlas, 2012. p. 137.

3.4 Inadimplemento salarial qualificado e o ato ilícito

Ato ilícito é a infração direta e imediata do preceito jurídico[107]. Do ato ilícito pode surgir um dano e consequentemente nascer a obrigação de indenizar.

Para alguns autores, a culpa não é um elemento integrante do ato ilícito e o ato ilícito se configurar-se-ia pela "verificação formal da desconformidade da conduta com o comportamento normativamente definido como obrigatório."[108] A culpa sob este prisma seria pressuposto da reparação civil em alguns casos – responsabilidade civil subjetiva –, mas não elemento do ato ilícito.

Contudo, a redação do artigo 186 do Código Civil é clara: "Aquele que, por ação ou omissão voluntária, negligência ou imprudência, violar direito e causar dano a outrem, ainda que exclusivamente moral, comete ato ilícito."

No Direito Civil, o inadimplemento contratual não se enquadra na categoria de ato ilícito.

Porém, no Direito do Trabalho a legislação sugere o oposto. O Direito do Trabalho prescinde do elemento culpa para caracterização do ato ilícito. O inadimplemento salarial comum e a mora no pagamento do salário[109] podem ser enquadrados como atos ilícitos em virtude da violação ao preceito jurídico insculpido no art. 483, d[110] e art. 459, § 1º, ambos da CLT[111]. Nestes artigos, a legislação do trabalho prescinde do elemento culpa para a configuração do ato ilícito.

Com efeito, o art. 459, § 1º da CLT torna toda mora salarial ou inadimplemento salarial comum em ato ilícito, tanto é que os empregadores que descumprem o preceito legal estão sujeitos a multas administrativas, independente da existência do elemento subjetivo culpa.

---

(107) GOMES, Orlando. *Introdução ao Direito Civil*. 12. ed. Rio de Janeiro: Forense, 1996. p. 488.
(108) "A vontade do agente poderá, isto sim, condicionar sua responsabilidade pelas consequências danosas de seu ato, não constituindo portanto a culpa um elemento da ilicitude. Em outras palavras, a culpa pode ser pressuposto da responsabilidade civil, mas jamais requisito da ilicitude, que respeita somente ao próprio ato." CARPENA, Heloísa. *Abuso do Direito nos Contratos de Consumo*. Rio de Janeiro: Renovar, 2001. p. 60.
(109) A diferença entre a mora salarial e o inadimplemento salarial foi feita no capítulo anterior.
(110) Art. 483. O empregado poderá considerar rescindido o contrato e pleitear a devida indenização quando: d) não cumprir o empregador as obrigações do contrato;
(111) Art. 459. § 1º Quando o pagamento houver sido estipulado por mês, deverá ser efetuado, o mais tardar, até o quinto dia útil do mês subsequente ao vencido.

Ao lado do descumprimento do art. 459, § 1º da CLT pode haver ainda a violação de outro preceito jurídico.

A violação ao preceito jurídico que garante ao trabalhador o pagamento pontual do salário com a constatação também da afronta ao preceito jurídico[112] que assegura o privilégio do crédito trabalhista em detrimento de qualquer outro[113], por exemplo, gera o inadimplemento salarial qualificado. Há neste caso uma dupla ilicitude que confere ao inadimplemento salarial o *status* de inadimplemento salarial qualificado.

Por já saber de antemão quais serão as consequências de sua falta, o agente pode chegar à conclusão de que é vantajoso deixar de adimplir a sua obrigação de pagar salário. Os motivos que podem estimular o descumprimento da obrigação legal e contratual de pagamento pontual do salário podem ser: 1) o agente sabe qual é o valor da multa administrativa pelo descumprimento de suas obrigações legais e considera que as vantagens do descumprimento superam as desvantagens de eventual autuação; 2) o agente sabe que o pagamento da multa pode ser protelado por recursos administrativos[114] e medidas judiciais.

A multa administrativa prevista na legislação do trabalho não é barreira contra a vulneração dos direitos dos trabalhadores, tratando-se na prática de uma verdadeira "taxa" pelo descumprimento da legislação. Na prática, o agente econômico descumpre a norma e paga a "taxa" já de antemão fixada pelo Estado.

A tarifação do ônus pelo descumprimento da legislação por meio de multas fixas, cujo valor é conhecido *a priori* pelo agente econômico/empregador, ao invés de inibir o descumprimento da legislação do trabalho, estimula o seu descumprimento por permitir o cálculo por parte do empresário acerca do que é mais vantajoso, o cumprimento da norma de ordem pública ou o pagamento da "taxa."[115]

---

(112) Art. 186 do CTN e Art. 83, I da Lei n. 11.101/2005.
(113) O art. 84 da Lei n. 11.101/2005 apenas traz algumas exceções à regra geral do privilégio ao crédito decorrente das relações de trabalho, conciliando os interesses do credor trabalhista aos interesses de manutenção da atividade econômica.
(114) A anterior exigência de depósito prévio do valor da multa administrativa para a interposição de recurso administrativo não é mais admitida a partir da edição da Súmula Vinculante n. 21 do STF: É inconstitucional a exigência de depósito ou arrolamento prévios de dinheiro ou bens para admissibilidade de recurso administrativo.
(115) "Qual a diferença entre uma multa e uma taxa? Vale a pena explorar essa distinção. As multas conotam desaprovação moral, ao passo que as taxas são simplesmente preços, sem qualquer subentendido de julgamento moral." "Quando as pessoas tratam as multas como taxas, fazem pouco das normas expressas nessas multas. Muitas vezes a sociedade revida. Há motoristas abastados que consideram as multas por

A multa não pode ser inferior à vantagem auferida pelo infrator, contudo, as multas administrativas, previstas na legislação do trabalho, não são fixadas em patamar que gere no agente econômico de grande porte desestímulo ao descumprimento.

Fixada em patamares baixos[116] e prefixados, a multa permite ao agente avaliar se vale a pena "pagar para descumprir a norma." Assim, um comportamento que seria exigível de todos os empregadores como um patamar mínimo garantido aos trabalhadores passa a ser regido pelo mercado.

O ideal seria a substituição de multas fixas por multas variáveis conforme a natureza da lesão perpetrada pelo empregador e o porte da empresa[117], de maneira que a legislação do trabalho não fosse inobservada e corrompida[118].

3.5 Privilégio do Crédito Trabalhista

O inadimplemento salarial qualificado pode atentar contra o privilégio assegurado por lei ao crédito trabalhista.

---

excesso de velocidade o preço a pagar para dirigir na velocidade que quiserem." SANDEL, Michael J. *O que o dinheiro não compra*. Os limites morais do mercado. Tradução de Clovis Marques. 1. ed. Rio de Janeiro: Civilização Brasileira, 2012. p. 66/7.
(116) A multa administrativa pelo atraso de pagamento de salário é de R$ 170,26 por empregado prejudicado.
(117) A Lei n. 12.529/2011 que regula o Sistema Brasileiro de Defesa da Concorrência estabelece multas que variam de acordo com o porte do agente econômico: Art. 37. A prática de infração da ordem econômica sujeita os responsáveis às seguintes penas: I - no caso de empresa, **multa de 0,1% (um décimo por cento) a 20% (vinte por cento) do valor do faturamento bruto da empresa**, grupo ou conglomerado obtido, no último exercício anterior à instauração do processo administrativo, no ramo de atividade empresarial em que ocorreu a infração, a qual **nunca será inferior à vantagem auferida**, quando for possível sua estimação; II - no caso das demais pessoas físicas ou jurídicas de direito público ou privado, bem como quaisquer associações de entidades ou pessoas constituídas de fato ou de direito, ainda que temporariamente, com ou sem personalidade jurídica, que não exerçam atividade empresarial, não sendo possível utilizar-se o critério do valor do faturamento bruto, **a multa será entre R$ 50.000,00 (cinquenta mil reais) e R$ 2.000.000.000,00 (dois bilhões de reais)**; III - no caso de administrador, direta ou indiretamente responsável pela infração cometida, quando comprovada a sua culpa ou dolo, **multa de 1% (um por cento) a 20% (vinte por cento) daquela aplicada à empresa**, no caso previsto no inciso I do caput deste artigo, ou às pessoas jurídicas ou entidades, nos casos previstos no inciso II do caput deste artigo; § 1º Em caso de reincidência, as multas cominadas serão aplicadas em dobro.
(118) "Costumamos associar o conceito de corrupção a lucros indébitos. Mas a corrupção não é apenas uma questão de suborno e pagamentos ilícitos. Corromper um bem ou uma prática social significa degradá-lo, atribuir-lhe uma valoração inferior à adequada." SANDEL, Michael J. *O que o dinheiro não compra*. Os limites morais do mercado. Tradução de Clovis Marques. 1. ed. Rio de Janeiro: Civilização Brasileira, 2012. p. 38.

Com efeito, a ordem jurídica vigente assegura ao crédito trabalhista privilégio na ordem de pagamento em relação a outros créditos[119], mesmo em hipóteses em que não haja decretação de falência ou deferimento do pedido de recuperação judicial.

Quando se verifica o inadimplemento salarial, não raras vezes, observa-se também o descumprimento da preferência da ordem de pagamento que a ordem jurídica assegura aos créditos trabalhistas.

É a hipótese, por exemplo, em que o devedor deixa de pagar salário ao empregado, mas não deixa de pagar credores de outras classes, tais como fornecedores e bancos.

A violação ao privilégio do crédito trabalhista pode ocorrer dentro ou fora do processo de recuperação judicial e falência.

Na definição de Sérgio Campinho, a recuperação judicial caracteriza-se como um "somatório de providências de ordem econômico-financeira, econômico-produtiva, organizacional e jurídica, por meio das quais a capacidade produtiva de uma empresa possa, da melhor forma, ser reestruturada e aproveitada, alcançando uma rentabilidade autossustentável, superando, com isto, a situação de crise econômico-financeira em que se encontra seu titular – o empresário –, permitindo a manutenção da fonte produtora, do emprego e a composição dos interesses dos credores."[120]

Por meio da recuperação judicial o devedor pode obter até um ano de prazo para pagamento de créditos derivados da legislação do trabalho ou decorrentes de acidentes do trabalho vencidos até a data do pedido de recuperação judicial (*caput*, do art. 54 da Lei n.11.101/2005[121]).

A legislação não fixa no tocante aos demais créditos prazo máximo para pagamento e assim, a fixação de limite de prazo pode ser considerada como um privilégio.

---

(119) Lei de Falências: Art. 83. A classificação dos créditos na falência obedece à seguinte ordem: I – os créditos derivados da legislação do trabalho, limitados a 150 (cento e cinqüenta) salários-mínimos por credor, e os decorrentes de acidentes de trabalho; CTN: Art. 186. O crédito tributário prefere a qualquer outro, seja qual for sua natureza ou o tempo de sua constituição, ressalvados os créditos decorrentes da legislação do trabalho ou do acidente de trabalho.
(120) CAMPINHO, Sérgio. *Falência e recuperação de empresa*: o novo regime de insolvência empresarial. Renovar: Rio de Janeiro, 2006. p. 10/11.
(121) Art. 54. O plano de recuperação judicial não poderá prever prazo superior a 1 (um) ano para pagamento dos créditos derivados da legislação do trabalho ou decorrentes de acidentes de trabalho vencidos até a data do pedido de recuperação judicial. Parágrafo único. O plano não poderá, ainda, prever prazo superior a 30 (trinta) dias para o pagamento, até o limite de 5 (cinco) salários-mínimos por trabalhador, dos créditos de natureza estritamente salarial vencidos nos 3 (três) meses anteriores ao pedido de recuperação judicial.

A recuperação judicial caracteriza-se como um benefício ao devedor empresário[122] que prejudica momentaneamente o recebimento dos créditos trabalhistas, prejuízo este tolerado pela ordem jurídica pelo interesse de que a empresa em dificuldade supere a situação de crise e retome as suas atividades. Manter-se-ia a empresa como fonte de produção de riquezas a serem repartidas socialmente por meio de tributos, salários e lucros.

A despeito das inovações prejudiciais aos interesses dos credores trabalhistas, introduzidas pela Lei n. 11.101/2005, o STF julgou totalmente improcedente a ADIN n. 3934-2 que requeria a declaração da inconstitucionalidade dos artigos 60, parágrafo único, art. 83, I e VI, alínea *c* – limitação do privilégio do crédito trabalhista aos que não uLTrapassem 150 salários mínimos, sendo o valor restante considerado crédito quirografário – e art. 141, II do aludido diploma legal[123].

A Lei n. 11.101/2005 prevê no seu art. 94, *caput* e seu inciso II, que será decretada a falência do devedor que "executado por qualquer quantia líquida, não paga, não deposita e não nomeia à penhora bens suficientes dentro do prazo legal." Também prevê o mesmo artigo no seu inciso III, alínea *g*, que será decretada a falência de quem "deixa de cumprir, no prazo estabelecido, obrigação assumida no plano de recuperação judicial."

Estes dispositivos estão estreitamente relacionados com o cotidiano das relações de trabalho. O inciso II do art. 94 da Lei n. 11.101/2005 interessa ao credor trabalhista que já possui reclamação ajuizada em face de seu ex-empregador. Se este adotar o comportamento de não pagar, depositar ou ainda deixar de oferecer bens à penhora suficientes, poderá ter a sua falência decretada no juízo competente, onde o crédito trabalhista será reconhecido como privilegiado.

---

(122) "Modernamente, o direito empresarial encontra sua justificação não na tutela do empresário, mas na tutela do crédito e da circulação de bens ou serviços. Dentre dessa ideia, um dos pilares fundamentais do direito empresarial é justamente a proteção ao crédito. O direito das empresas em crise e, mais especificamente, os processos de falência e de recuperação judicial levam em conta tal proteção." TOMAZETE, Marlon. *Curso de Direito Empresarial*. Falência e Recuperação de Empresas. V. 3. 2. ed. São Paulo: Atlas, 2012. p. 134.

(123) "Desse modo, o Supremo Tribunal Federal decidiu pela constitucionalidade do referido art. 83, inciso I, aqui analisado. Argumentou-se que a própria Convenção 173 da Organização Internacional do Trabalho, sobre proteção dos créditos trabalhistas em caso de insolvência do empregador, embora não tenha sido ratificada pelo Brasil, em seu art. 7.1, prevê que a legislação nacional poderá limitar o alcance do privilégio dos créditos trabalhistas a um montante estabelecido, que não deverá ser inferior a um mínimo socialmente aceitável." GARCIA, Gustavo Filipe Barbosa. *Curso de Direito do Trabalho*. 4 ed. Rio de Janeiro: Editora Forense, 2010. p. 462.

O inciso III, alínea g do mesmo art. 94 estabelece que o empregador que deixar de cumprir o plano de recuperação judicial terá sua falência decretada. Esta hipótese é recorrente no cotidiano das relações de trabalho onde determinados credores descumprem cabalmente o plano de recuperação judicial – que não poderá prever prazo superior a 1 (um) ano para pagamento dos créditos derivados da legislação do trabalho ou decorrentes de acidentes de trabalho vencidos até a data do pedido de recuperação judicial (art. 54 da Lei de Falências) – e nem assim têm a sua falência decretada.

As duas hipóteses apontadas, além de ensejadoras de decretação de falência[124] esperam o reconhecimento do inadimplemento salarial qualificado, já que a ordem jurídica é descumprida tanto pelo atraso no pagamento do salário já perpetrado, somando-se a este fato o descumprimento do plano de recuperação judicial, ou a conduta do devedor de não pagar nem nomear bens à penhora na fase de execução.

Há uma dupla violação de preceito jurídico que impõe o reconhecimento do inadimplemento salarial qualificado.

Fora do processo de recuperação judicial e falência, certos empregadores adotam a prática de deixar de pagar salários ao mesmo tempo em que pagam normalmente os demais credores – fornecedores, bancos etc. –, conduta que se traduz em afronta à ordem jurídica vigente e que pode acarretar o esgotamento do patrimônio do devedor em prejuízo ao privilégio garantido ao credor trabalhista.

Mesmo fora das fronteiras da recuperação judicial e da falência subsiste o privilégio legal do crédito trabalhista por ser este de natureza alimentar. A inobservância deste privilégio pelo empregador enseja o reconhecimento do inadimplemento salarial qualificado. Trata-se de descumprimento da obrigação legal de pagar salário no prazo legal, qualificado pela inobservância do privilégio do crédito trabalhista.

Em determinados casos, a empresa sequer se encontra em crise financeira, havendo a mera protelação do pagamento de salários e de verbas rescisórias com o intuito de obter na Justiça do Trabalho acordo que traga vantagem para a empresa.

A dissonância entre legislação e mundo dos fatos, no tocante ao privilégio do crédito trabalhista, dá-se em virtude de o credor empresário possuir maiores conhecimentos e melhores condições de tutela dos seus direitos do que o credor trabalhista (empregado).

---

(124) Art. 94 da Lei n. 11.101/2005.

3.6 Inadimplemento salarial qualificado e comutatividade do contrato de trabalho

O inadimplemento salarial qualificado rompe a comutatividade do contrato de trabalho. Contrato comutativo é aquele do qual surgem obrigações equivalentes para ambas as partes, empregado e empregador.

Segundo a doutrina de Direito do Trabalho apontada no capítulo anterior, o contrato individual de trabalho seria do tipo comutativo.

Assim como o inadimplemento salarial comum, o inadimplemento salarial qualificado é capaz de romper com a comutatividade do contrato individual de trabalho.

Ao lado das repercussões normais decorrentes do não cumprimento da obrigação de prestar salário[125], o empregador que incorra em inadimplemento salarial qualificado, deverá sofrer condenação na justiça que contemple os múltiplos aspectos de: 1) compensação do dano coletivo ou genérico causado; 2) punição pelo mal perpetrado à coletividade atingida; 3) cumprir o efeito pedagógico de servir de exemplo para que futuras ações do mesmo tipo não sejam praticadas; 4) inibição por meio de decisão judicial que comine multa ao infrator caso reincida na conduta antissocial ou que de outra forma garanta o cumprimento específico da obrigação de pagar salário pontualmente.

O rompimento do equilíbrio do contrato, decorrente do inadimplemento salarial qualificado, é mais grave por decorrer de grave violação de princípios constitucionais, dispositivos legais ou ser fruto do abuso. Portanto, justificam-se as medidas judiciais próprias, que poderão ser propostas pelo Ministério Público do Trabalho, entidades sindicais e cada trabalhador individualmente[126].

---

(125) O empregador inadimplente deve pagar ao empregado a prestação salarial sonegada, as perdas e danos – indenização pelos danos emergente e lucros cessantes – e indenização pelos danos morais decorrentes da vulneração aos direitos de personalidade do credor.
(126) "A tutela preventiva do ilícito, na mesma linha, parece também autorizada ao trabalhador individualmente, de modo que se venha a obstar no nascedouro atentado em vias de consumar-se aos seus direitos sociais, de maneira que a decisão também termine alcançando todos os demais interessados."(...) "Em síntese, tratando-se de direitos difusos e coletivos cuja tutela postulada seja de natureza inibitória ou preventiva do ilícito, o trabalhador haverá de ser considerado parte legítima para postular providências da espécie cujos efeitos representarão, na prática, resultado equivalente ou até idêntico àquele que poderia ter sido obtido por ação civil pública com pedidos da mesma espécie." ADAMOVICH, Eduardo Henrique Raymundo Von. *Sistema da Ação Civil Pública no Processo do Trabalho*. São Paulo: LTr, 2005. p. 277.

3.7 Inadimplemento salarial qualificado e rescisão indireta do contrato de trabalho

O inadimplemento salarial qualificado, da mesma forma que o inadimplemento salarial comum, impõe o reconhecimento da rescisão indireta do contrato de trabalho.

Se a mora salarial e o inadimplemento da obrigação de prestar salário por si só impõem o reconhecimento da rescisão indireta do contrato de trabalho, com muito mais razão, o inadimplemento salarial qualificado enseja o reconhecimento da rescisão indireta do contrato de trabalho.

Pela redação do art. 483, d da CLT são dispensados outros elementos, além do "não cumprimento das obrigações do contrato" para que seja configurada a ruptura contratual por falta do empregador.

A CLT dispensa o elemento subjetivo, de maneira que não é preciso provar que empregador agiu com dolo ou culpa ao incorrer no inadimplemento salarial. Também é dispensável um lapso de tempo extenso de atraso no pagamento do salário para a configuração do inadimplemento absoluto do contrato e, portanto, a ruptura contratual[127].

3.8 Inadimplemento salarial qualificado. *Dumping* social. Decreto-Lei n. 368/1968.

O inadimplemento salarial qualificado não é sinônimo de *dumping social*, expressão utilizada por alguns autores para os casos em que determinado agente econômico vulnera direitos sociais para obter vantagem competitiva frente à concorrência[128].

O termo *dumping* social está mais afeto ao direito da concorrência e ao direito econômico, possuindo o inconveniente de ter que se provar que a conduta ilícita do agente econômico o beneficiou frente aos concorrentes.

Para os demais agentes econômicos, dependendo do setor econômico, a conduta de um determinado agente de sonegar direitos sociais pode não

---

(127) "A mora salarial reiterada, ainda que não atingindo prazo igual ou superior a três meses, é fator de rescisão indireta, em face da severidade da falta do empregador: afinal, é pacífico no Direito do Trabalho ter o salário natureza alimentar, e o retardo em seu pagamento, sendo demorado e repetido, constitui, sem dúvida, infração de forte intensidade." DELGADO, Mauricio Godinho. *Curso de Direito do Trabalho*. 12. ed. São Paulo: LTr, 2013. p. 1260.
(128) SOUTO MAIOR, Jorge Luiz; MOREIRA, Ranúlio Mendes; SEVERO, Valdete Souto. *Dumping Social nas Relações de Trabalho*. 2ª edição. Vlex Libros. Revista Eletrônica.

significar uma vantagem competitiva porque o descumprimento da legislação do trabalho seria generalizado.

O *dumping* social pode ser espécie ou uma das formas como o inadimplemento salarial qualificado se revela. Caso o inadimplemento salarial tenha em vistas a obtenção de vantagem competitiva frente à concorrência, tem-se também o *dumping social*. Portanto, o *dumping social* caracteriza-se como forma abusiva de exercício da livre iniciativa e do direito de propriedade, devendo ser reconhecido como espécie de inadimplemento salarial qualificado.

A Constituição estabelece em seu art. 7º, X da CRFB/88 que é direito dos trabalhadores urbanos e rurais, a "proteção do salário na forma da lei, constituindo crime sua retenção dolosa".

Embora a regulamentação do dispositivo nunca tenha sido concretizada pelo legislador ordinário por absoluta falta de vontade política, a mera existência do art. 7º, X da CRFB/88 sinaliza a necessidade de uma punição para os empregadores que excedam o mero inadimplemento salarial.

O Decreto-Lei n. 368/1968 não corresponde à regulamentação do crime de retenção dolosa de salário, cujo conceito foi criado pelo constituinte. O aludido Decreto-Lei utiliza dois termos diferentes: débito salarial e mora contumaz.

O artigo 1º, parágrafo único enquadra como em débito salarial a empresa que não paga, no prazo e nas condições da lei ou do contrato, o salário devido a seus empregados.

A empresa em débito salarial não pode: 1) pagar honorário, gratificação, *pro labore* ou qualquer outro tipo de retribuição ou retirada a seus diretores, sócios, gerentes ou titulares da firma individual; distribuir quaisquer lucros, bonificações, dividendos ou interesses a seus sócios, titulares, acionistas, ou membros de órgãos dirigentes, fiscais ou consultivos; 2) e ser dissolvida.

Os diretores, sócios, gerentes, membros de órgãos fiscais ou consultivos, titulares de firma individual ou quaisquer outros dirigentes de empresa que possua débito salarial que pratiquem os fatos previstos nos incisos I e II do artigo 1º, do Decreto-Lei incorrem em crime com pena de detenção de um mês a um ano, ficando também a empresa sujeita à multa variável de 10 (dez) a 50% (cinqüenta por cento) do débito salarial.

A empresa em débito salarial apenas poderá ser dissolvida mediante a apresentação de Certidão Negativa de Débito Salarial a ser expedida pelo Ministério do Trabalho e Emprego.

A mora contumaz, por outro lado, seria caracterizada com o atraso ou sonegação de salários devidos aos empregados, por período igual ou superior a 3 (três) meses, sem motivo grave e relevante, excluídas as causas pertinentes ao risco do empreendimento. A mora contumaz não é tipificada como delito.

Pela legislação vigente apenas seria caracterizado como delito o fato de a empresa, mesmo em débito salarial, distribuir lucros, dividendos, ou pagar qualquer tipo de retribuição aos diretores, sócios, gerentes ou titulares de firmas individuais. Sem dúvida a conduta típica está muito aquém dos objetivos pretendidos pelo Poder Constituinte.

O delito previsto no Decreto-Lei n. 368/1968 não é suficiente para dar efetividade ao mandamento constitucional que preceitua que a retenção dolosa do salário será caracterizada como crime. Há necessidade de lei em sentido estrito para que o preceito constitucional possa produzir o efeito de criminalizar a conduta dos empregadores que incorram na retenção dolosa de salário[129].

A mora do legislador infraconstitucional é flagrante, uma vez que já se passaram mais de vinte e cinco anos da promulgação da Constituição sem que nenhum projeto de lei para a regulamentação do art. 7º, X da CRFB/88 tenha sido elaborado. Cabe, na hipótese, ação direta de inconstitucionalidade por omissão contra a inércia do Poder Legislativo.

Isto, porém, não significa que a conduta do empregador que retém dolosamente o salário de seus empregados deva necessariamente ficar impune, já que o Poder Judiciário pode levar em consideração o art. 7º, X da CRFB/88 para punir o infrator. Note-se que o abuso do inadimplemento salarial significará a retenção dolosa do salário.

O processo coletivo instaurado a partir de ações civis públicas ajuizadas pelo Ministério Público do Trabalho e entidades sindicais é o instrumento adequado para a punição do abuso do inadimplemento salarial.

Mais do que punir, nas ações civis públicas, buscam-se também a reparação e a compensação dos danos oriundos da ação ilícita e a prevenção de futuros ilícitos, ante o caráter pedagógico das condenações em indenizações por dano moral coletivo.

---

(129) Art. 5º, CRFB/88: XXXIX – não há crime sem lei anterior que o defina, nem pena sem prévia cominação legal.

A crítica de alguns autores[130]-[131] acerca da impossibilidade de o Poder Judiciário impor ao réu condenações em danos morais coletivos não se mostra o melhor entendimento sobre o tema[132]. A celeuma se encontra superada na Justiça do Trabalho, já que a jurisprudência do TST é pacífica neste sentido.

Sobre o tema, o art. 3º da Lei n. 7347/85 estabelece que a "ação civil poderá ter por objeto a condenação em dinheiro ou o cumprimento de obrigação de fazer ou não fazer" em complemento ao artigo 1º do mesmo diploma normativo que prevê ação de responsabilidade por danos morais e patrimoniais quando forem ofendidos determinados bens jurídicos, inclusive qualquer direito difuso ou coletivo.

---

(130) "Convém esclarecer, inicialmente, que a indenização por dano moral, como toda indenização, inobstante sua secundária função punitivo-pedagógica, apta a prevenir novas violações, tem natureza eminentemente reparatória e obedece ao sistema normativo da responsabilidade civil. Não pode, portanto, ser confundida com as sanções pecuniárias (multas) de caráter administrativo ou penal ao causador do dano, que são manifestações do poder sancionador monopolizado pelo Estado e sujeito e sujeito a regras e princípios próprios, nomeadamente da tipicidade e o da legalidade estrita. Indenização e penalidade são imposições juridicamente inconfundíveis, que até podem ser cumuladas, desde que se tenha em conta que a indenização supõe dano e que a aplicação de penas supõe prévia lei que estabeleça seu conteúdo e as hipóteses típicas de sua incidência. Assim, havendo dano, cabe a reparação, segundo as normas que regem o sistema da responsabilidade civil; todavia, por mais graves que sejam o ilícito e a lesão, significará pura arbitrariedade, à luz do nosso sistema normativo, impor ao responsável pelo ato qualquer penalidade não prevista em lei, arbítrio que não se atenua, mas, ao contrário, se mostra ainda mais evidente quando a pena imposta venha disfarçada sob o rótulo de indenização por dano moral. (...)" ZAVASCKI, Teori Albino. *Processo Coletivo*. Tutela de Direitos Coletivos e Tutela Coletiva de Direitos. 5. ed. São Paulo: Editora Revista dos Tribunais, 2011. p. 40.

(131) Com a devida vênia, o entendimento acima não representa o melhor entendimento sobre o assunto. A Lei n. 7.347/85 no seu art. 1º criou expressamente a responsabilidade por danos morais aos prejuízos causados ao meio ambiente, ao consumidor, bens e direitos de valor artístico, estético, histórico, turístico e paisagístico, infração à ordem econômica, à ordem urbanística e a qualquer outro interesse difuso ou coletivo. O entendimento pela irresponsabilidade dos infratores por ausência de previsão de penalidade fixada em legislação específica é contrário ao sentido da Lei de Ação Civil Pública. Os danos morais, tanto os individuais como os danos morais coletivos não podem ser reparados, mas apenas compensados dada a natureza dos direitos vulnerados, tanto que deverá haver o arbitramento pelo juiz. Aos olhos de alguns juristas, esta compensação do dano moral coletivo por estar dissociada de um prejuízo mensurável economicamente pode se assemelhar a uma penalidade.

(132) "Hoje, porém, compreendendo-se a inegável impossibilidade de qualquer tarifação prévia para o dimensionamento do dano moral, tem-se que a solução legítima e adequada, concebida pelo ordenamento jurídico, foi a de outorgar ao juiz o necessário arbítrio, guiado pela equidade e pelo bom senso, diante das circunstâncias presentes em cada uma das situações analisadas, para o fim de ser fixado o valor da condenação" (...) "O dano moral coletivo corresponde à lesão injusta e intolerável a interesses ou direitos titularizados pela coletividade (considerada em seu todo ou em qualquer de suas expressões – grupos, classes ou categorias de pessoas), os quais possuem natureza extrapatrimonial, refletindo valores e bens fundamentais para a sociedade." MEDEIROS NETO, Xisto Tiago. *Dano Moral Coletivo*. 2. ed. São Paulo: LTr, 2007. p. 79 e 137.

O inadimplemento salarial qualificado gera lesões a direitos difusos, coletivos e individuais homogêneos. Além da coletividade de trabalhadores diretamente atingida pela prática ilícita, também se pode falar que toda a sociedade é ofendida reflexamente, uma vez que o patamar civilizatório garantido pela ordem jurídica vigente é reduzido.

Uma grave violação a um direito fundamental, como a ofensa ao direito fundamental ao salário[133], gera uma macrolesão que atinge toda sociedade em virtude da vulneração do patrimônio jurídico vigente. Tal lesão, ainda que cometida por um único empregador é suficiente para disseminar a má conduta entre outros empregadores, que incorrerão na mesma prática caso não haja exemplar punição do ofensor.

Assim, paralelamente à criminalização da conduta do ofensor pela criação do tipo penal do crime de retenção dolosa do salário, há que se reconhecer a partir dos dispositivos legais existentes a ilicitude da prática do empregador que incorre em inadimplemento salarial qualificado, aplicando-lhe severa punição pecuniária.

A punição deve levar em conta as condições sociais dos trabalhadores prejudicados, as circunstâncias em que se deu o inadimplemento salarial e as consequências do ilícito.

Além da punição do ato pela Justiça do Trabalho, há necessidade de se impor a proibição de acesso a crédito público aos empregadores que excedem o mero inadimplemento salarial.

A possibilidade de restrição de crédito já existe na legislação vigente, mas vem sendo inobservada pelas instituições oficiais de crédito.

O art. 2º do Decreto-Lei n. 368/1968 proíbe a empresa em mora contumaz de "ser favorecida com qualquer benefício de natureza fiscal, tributária, ou financeira, por parte de órgãos da União, dos Estados ou dos Municípios, ou de que estes participem."

Mora contumaz para os específicos fins do Decreto-Lei n. 368/1968 é o atraso ou sonegação de salário igual ou superior a 3 (três) meses, quando então o empregador apenas poderá obter crédito junto a instituições financeiras para o pagamento do débito salarial, "o que deverá ser expressamente referido em documento firmado pelo responsável legal da empresa, como justificação do crédito" (art. 2º, § 2º do Decreto-Lei n. 368/1968).

---

(133) O conceito de salário como direito fundamental já foi trabalhado no primeiro capítulo.

Ao lado da punição do empregador que incorre no inadimplemento salarial qualificado, portanto, deverá lhe ser negado crédito público em atenção ao art. 2º, do Decreto-Lei n. 368/1968.

Com isso, o conceito de mora contumaz deve ser interpretado de forma extensiva para impedir o acesso a crédito público também ao empregador que incorra em inadimplemento salarial qualificado, assim também entendida a sonegação das verbas rescisórias e a falta de recolhimento do FGTS.

Especificamente em relação ao FGTS é observado que a Caixa Econômica Federal, que não é titular do crédito salarial[134], concede parcelamentos a longo prazo a empregadores que dolosa e deliberadamente não recolhem o FGTS, prática que se traduz em verdadeiro empréstimo forçado.

Além de conceder o benefício do parcelamento, a Caixa Econômica Federal não restringe o acesso aos créditos por ela concedidos aos empregadores em mora contumaz, o que se traduz em violação ao objetivo da ordem jurídica vigente.

É necessário que os operadores do direito apliquem os diplomas legais existentes, já que o Decreto-Lei n. 368/1968, apesar de longa vigência no Brasil, vem sendo ignorado.

Mesmo sem significar a regulamentação necessária do art. 7º, X da CRFB/88, o Decreto-Lei n. 368/1968 oferece, como se observou alhures, instrumentos importantes para a tutela do salário do trabalhador.

Impende que as instituições oficiais de crédito deixem de conceder empréstimos a empregadores inadimplentes com o seu dever de pagar salário em dia e que o Ministério do Trabalho e Emprego instaure os processos administrativos sumários previstos no Decreto-Lei n. 368/1968 contra os empregadores infratores, encaminhando ao Ministério Público Federal os resultados das investigações para que sejam denunciados os responsáveis.

---

(134) O FGTS possui natureza jurídica salarial conforme a doutrina mais autorizada.

Capítulo IV
Inadimplemento Salarial Qualificado.
Conclusões e Propostas de Enfrentamento

Como visto anteriormente, o inadimplemento salarial qualificado é o inadimplemento salarial ao qual se somam elementares ou circunstâncias que o tornam mais reprovável do que o simples inadimplemento salarial. Necessita-se nestes casos de uma resposta do direito compatível com o ilícito praticado, tal como ocorre quando praticado um crime qualificado.

O inadimplemento salarial poderá ser tido por qualificado sempre que houver violação literal da lei ou abuso do direito.

O conceito de inadimplemento salarial qualificado deriva da percepção de que alguns casos de inadimplemento salarial, além de frontal violação ao art. 459, § 1º da CLT, também aparecem combinados com outras violações à ordem jurídica.

Portanto, o reconhecimento do inadimplemento salarial qualificado possibilita a utilização de instrumental próprio para o enfrentamento da ilicitude verificada. Nem se utiliza o instrumental mais gravoso para enfrentamento do mero inadimplemento salarial, nem se utiliza o instrumental mais brando para enfrentamento da grave violação à ordem jurídica que o inadimplemento salarial qualificado representa.

Com isso, além das consequências previstas pela ordem jurídica para os casos de mora salarial e inadimplemento salarial comum[135], ao inadimplemento salarial qualificado, somam-se outras consequências.

Em casos de inadimplemento salarial qualificado, deve-se ainda punir o empregador pela prática ilícita.

A justificativa para a punição é o fato de que o empregador que incorre na irregularidade possui um grau de culpa maior do que a que se observa no mero inadimplemento salarial.

---

(135) O inadimplemento salarial comum e a mora salarial podem ensejar o reconhecimento da ruptura do contrato de trabalho por falta grave do empregador, além de ensejar o dever de reparar os danos materiais e compensar os danos morais causados ao trabalhador. A mora no cumprimento da obrigação de pagar salário enseja o reconhecimento do dever de atualização monetária do salário à época em que for feito o pagamento (Súmula n. 381 do TST), além da indenização por eventuais danos materiais e danos morais decorrentes do atraso no pagamento do salário. Como já foi escrito anteriormente é o credor quem decide se a prestação ainda lhe aproveita, de forma a decidir se o devedor incorreu em mora salarial ou inadimplemento salarial. Por fim, o inadimplemento salarial comum também enseja a aplicação de multas administrativas pelo Ministério do Trabalho e Emprego.

O Ministério do Trabalho e Emprego como órgão fiscalizador do cumprimento da legislação do trabalho deveria também receber maiores poderes para o enfrentamento do inadimplemento salarial qualificado.

A fiscalização do Ministério do Trabalho e Emprego já vem realizando importante trabalho na prevenção de acidentes do trabalho e na tutela da saúde e segurança do trabalhador, utilizando-se dos instrumentos de interdição de estabelecimentos e setores da empresa e embargos de obras.

O poder de polícia para embargar e interditar administrativamente as atividades e setores da empresa a cargo do Ministério do Trabalho e Emprego restringe-se às situações de grave e iminente risco à vida e integridade física do trabalhador.

Contudo, a prerrogativa mostra-se demasiadamente restrita e deveria ser estendida a outras situações de violação, por parte do empregador, de direitos fundamentais dos trabalhadores, enquadrando-se nesta hipótese o inadimplemento salarial qualificado[136].

Sem a intervenção do Estado o trabalhador apenas pode observar passivamente a violação do seu direito fundamental ao salário, apenas lhe cabendo ajuizar reclamação trabalhista quando do rompimento da relação jurídica contratual.

A intervenção do Estado fiscalizador teria o importante papel de inverter a lógica do descumprimento da obrigação salarial e transferir ao empregador o ônus do descumprimento da sua obrigação legal e contratual de pagar pontualmente o salário.

A restrição de prosseguimento das atividades do empregador em mora ou inadimplente mostrar-se-ia um importante instrumento para a constrição do empregador ao pagamento de seus débitos salariais.

Claro que a interrupção das atividades do empregador poderia ser mitigada quando estivessem em jogo outros valores e interesses da mesma envergadura do direito fundamental ao salário. Por exemplo, o caso de uma escola ou hospital que se encontrasse em atraso no pagamento de salários. Embora existam os relevantes interesses dos trabalhadores quanto aos seus salários, também há, de outro lado, relevantes interesses dos alunos e pacientes, de maneira que não seria conveniente a paralisação da atividade.

---

(136) A Lei n. 2.959/56 (obra certa) prevê a possibilidade de suspensão das atividades da empresa que não anota a CTPS dos seus empregados até que satisfaça essa obrigação: "Art. 3º O empregador que deixar de atender a exigência do art. 1º desta lei, ficará sujeito a multa de CR$ 500,00 (quinhentos cruzeiros) a CR$ 5.000,00 (cinco mil cruzeiros), além da suspensão de suas atividades até que satisfaça a obrigação legal."

Não se teria em vistas a proteção de pretensos direitos ou interesses do empregador em falta como suas obrigações, mas sim dos pacientes e alunos porventura atingidos.

Pode-se até mesmo falar em ponderação de interesses de forma que os valores em conflito deveriam ser conformados no caso concreto, a fim de se chegar a uma solução justa.

Fora destes casos em que os interesses de terceiros atingidos pela paralisação da atividade sejam de igual relevância ao direito fundamental ao salário, não haveria da parte do empregador razão alguma em sustentar a continuidade de suas atividades baseado, seja no princípio da livre iniciativa ou no direito de propriedade.

A Constituição é clara em garantir a livre exploração da atividade econômica, mas a atividade econômica deve cumprir a sua função social, assim como o direito de propriedade[137].

Não há como se defender o direito absoluto de a empresa prosseguir na atividade econômica quando esta se mostra perniciosa para os interesses dos trabalhadores que são privados de obter os frutos de seu trabalho.

A alegação de dificuldades econômicas também não é legitimadora de mora ou inadimplemento salarial, pois ainda que provada pela empresa, há instrumento judicial próprio para que o empregador em dificuldades possa obter privilégios para a satisfação de suas dívidas.

O processo judicial próprio é a recuperação judicial, no qual o empresário em dificuldades deverá provar, além de outros requisitos, a viabilidade econômica de sua empresa.

Assim, compreende-se como essencial a intervenção do Estado fiscalizador para que sejam interrompidas as atividades das empresas que se encontrem em mora ou em situação de inadimplência em relação à obrigação de pagar salário.

Como a legislação do trabalho não prevê expressamente esta possibilidade, conveniente se mostra a sua alteração para que o Estado fiscalizador possa interditar as empresas faltosas.

O Ministério Público do Trabalho já ajuizou ação civil pública com o objetivo de que empregador em débito salarial se abstivesse de contratar novos empregados até que todas as dívidas salariais fossem adimplidas[138].

---

(137) Art. 5º, XXIII e art. 170 da Constituição da República.
(138) Ação Civil Pública n. 0000964-59.2013.5.19.0009 com sentença favorável.

A medida judicial mostra-se possível, sobretudo porque ao contrário do Estado fiscalizador que é regido pelo princípio da legalidade em sentido estrito, apenas podendo fazer, como regra[139], aquilo que a lei expressamente determina, o Ministério Público pode se utilizar de princípios e valores constitucionais para fundamentar as suas ações civis públicas.

O direito é norteado não apenas por leis em sentido estrito, mas também por princípios. A lei é essencial por trazer segurança e estabilidade nas relações jurídicas. Da mesma forma, os princípios são fundamentais para garantir a justiça nas relações jurídicas entre as partes[140].

A lei deve ser justa, mas a aplicação da sua letra fria pode se refletir em injustiça no caso concreto. Neste caso, o juiz pode se afastar do texto legal, cabendo-lhe o ônus da fundamentação, sobretudo quando se tratar de hipótese não contemplada pelo legislador.

Pode-se em casos deste tipo sustentar o direito de resistência do empregado e arguir a exceção do contrato não cumprido para legitimar a suspensão da prestação de serviços dos empregados e interromper a atividade da empresa por meio da ação civil pública.

O inadimplemento salarial qualificado não foi contemplado pelo legislador infraconstitucional como hipótese ensejadora de interrupção das atividades, mas por princípios pode-se chegar à solução justa para o caso concreto.

A interrupção da atividade seja decretada na via administrativa seja decretada na via judicial, ou ao menos a vedação de que novos empregados sejam

---

(139) "O signo polícia tem uma conotação absentista, associa-se a uma atitude de mera expectativa de condutas contrárias à ordem pública. O Estado social não é um mero expectante, ele tem um programa constitucional a cumprir de transformação social. Por isso, o Legislativo do Estado social não pode ter apenas função policial, deve ter função ordenadora. A ordenação é a disciplina constitucional e legislativa da atividade privada. A Constituição e a legislação podem disciplinar a atividade privada de modo que seu exercício independa da intervenção administrativa. Podem, outrossim, exigir a intermediação da Administração Pública, constituindo o campo da chamada administração ordenadora." MARTINS, Ricardo Marcondes. *Abuso de Direito e a Constitucionalização do Direito Privado*. São Paulo: Malheiros, 2010. p. 111.

(140) "Ora, se as regras respondem pela segurança e os princípios pela justiça, conclui-se que, quanto mais regras houver no sistema, mais seguro, isto é, mais previsível, mais estável ele será; porém, mais dificilmente ele será capaz de adaptar-se a situações novas. Por outro lado, quanto mais princípios existirem, maior será o seu grau de flexibilidade e sua capacidade de acomodar e solucionar situações imprevistas. No mesmo passo, porém, também crescerão a insegurança, em decorrência da imprevisibilidade das soluções aventadas, e a falta de uniformidade de tais soluções, com prejuízos evidentes para a isonomia. Repete-se, portanto, o que parece bastante óbvio: uma quantidade equilibrada e apropriada de princípios e regras produzirá um sistema jurídico ideal, no qual haverá segurança e justiça suficientes." BARCELLOS, Ana Paula de. *Ponderação, Racionalidade e Atividade Jurisdicional*. Rio de Janeiro: Renovar, 2005. p. 187.

contratados por empresas que vulneram o direito fundamental ao salário digno e pontual são mecanismos apropriados ao enfrentamento do problema do inadimplemento salarial qualificado.

A reforma da legislação do trabalho para possibilitar a aplicação de multas variáveis de acordo com o porte da empresa e gravidade da lesão perpetrada também mostrar-se-ia importante instrumento no combate ao inadimplemento salarial qualificado. Hoje, da forma como as multas são fixadas em importâncias irrisórias, conhecidas *a priori* pelo agente econômico, não existe qualquer estímulo para o agente quanto ao cumprimento da legislação vigente. Na verdade, as multas hoje existentes traduzem-se em verdadeiras "taxas" cobradas das empresas para que possam descumprir a legislação vigente.

Também fundamental mostra-se a condenação dos infratores à compensação do dano moral coletivo nas ações civis públicas propostas pelo Ministério Público do Trabalho e entidades sindicais, havendo na condenação múltiplos aspectos: punitivo, pedagógico e compensatório.

O trabalhador ofendido sempre poderá buscar, individualmente, a reparação ou compensação dos danos individuais materiais e morais que lhe forem causados, nos termos do art. 186 e art. 927 do Código Civil.

Multas administrativas significativas, interdição das atividades da empresa, ajuizamento de ações judiciais, além da suspensão de concessão de crédito público aos empregadores que incorram no inadimplemento salarial qualificado são instrumentos que poderão resolver ou ao menos diminuir a sua ocorrência no cotidiano das relações de trabalho e conferir maior proteção ao direito fundamental ao salário.

REFERÊNCIAS BIBLIOGRÁFICAS

ABREU, Jorge Manuel Coutinho. *Do abuso de direito*: ensaio de um critério em direito civil nas deliberações sociais. Coimbra: Livraria Almedina, 1999.

ADAMOVICH, Eduardo Henrique Raymundo Von. *Sistema da ação civil pública no processo do trabalho*. São Paulo: LTr , 2005.

ALEXY, Robert. *Teoria dos direitos fundamentais*. Tradução de Virgílio Afonso da Silva. São Paulo: Malheiros, 2008.

_____. *Constitucionalismo discursivo*. Tradução de Luis Afonso Heck. Porto Alegre: Livraria do Advogado, 2007.

AZEVEDO, Álvaro Villaça. Teoria geral das obrigações. 8. ed. São Paulo: *Revista dos Tribunais*, 2000.

BARCELLOS, Ana Paula de. *Ponderação, racionalidade e atividade jurisdicional*. Rio de Janeiro: Renovar, 2005.

BITTENCOURT, Cezar Roberto. *Tratado de direito penal*. 17. ed. São Paulo: Editora Saraiva, 2012. V. 1.

BOBBIO, Norberto. *Igualdade y Libertad*. Tradução de Pedro Aragón Rincón. Barcelona: Ediciones Paidós, 1993.

CAMPINHO, Sérgio. *Falência e recuperação de empresa*: o novo regime de insolvência empresarial. Rio de Janeiro: Renovar, 2006.

CARPENA, Heloísa. *Abuso do direito nos contratos de consumo*. Rio de Janeiro: Renovar, 2001.

CARVALHO, José Murilo de. *Cidadania no Brasil:* o longo caminho. 5. ed. Civilização Brasileira: Rio de Janeiro, 2004.

CATHARINO, José Martins. *Tratado jurídico do salário*. Rio de Janeiro: Freitas Bastos, 1951.

DELGADO, Mauricio Delgado. *Salário*: teoria e prática. Belo Horizonte: Del Rey, 1997.

DELGADO, Mauricio Godinho. *Curso de Direito do Trabalho*. 12. ed. São Paulo: LTr , 2013.

GARCIA, Gustavo Filipe Barbosa. *Curso de Direito do Trabalho*. 4 ed. Rio de Janeiro: Editora Forense, 2010.

GOMES, Orlando. *O salário no direito brasileiro*. São Paulo: LTr,1996. Obra publicada pela primeira vez em 1947.

GOMES, Orlando. *Obrigações*. 17. ed. Rio de Janeiro: Forense, 2007.

_____. *Introdução ao Direito Civil*. 12. ed. Rio de Janeiro: Forense, 1996.

GONÇALVES, Carlos Roberto. *Teoria geral das obrigações*. 7. ed. São Paulo: Editora Saraiva, 2010. V. 2.

GRAU, Eros Roberto. *A ordem econômica na Constituição de 1988*. 15. ed. São Paulo: Malheiros, 2012.

KANT, Immanuel. *Crítica da razão pura*. 5. ed. Lisboa: Fundação Calouste Gulbenkian, 2001.

LAUTENSCHLÄRGER, Milton Flávio de Almeida Camargo. *Abuso do direito*. São Paulo: Atlas Jurídico, 2007.

MARTINS, Ricardo Marcondes. *Abuso de direito e a constitucionalização do direito privado*. São Paulo: Malheiros, 2010.

MARTINS-COSTA, Judith. *Os avatares do abuso do direito e o rumo indicado pela boa fé*. In: CONGRESSO INTERNACIONAL DE DIREITO CIVIL - CONSTITUCIONAL, 2006, Rio de Janeiro. Disponível em: <http://www.fd.ulisboa.pt/portals/0/docs/institutos/icj/luscommune/costajudith.pdf>. Acesso em: 23 mar. 2015.

MARX, Karl. *Salário, preço e lucro*. Tradução de Eduardo Sarló. 1. ed. São Paulo: Edipro, 2004.

MEDEIROS NETO, Xisto Tiago. *Dano moral coletivo*. 2. ed. São Paulo: LTr , 2007.

MORAES FILHO, Evaristo de. *Introdução ao direito do trabalho*. 7. ed. São Paulo: LTr , 1995.

NASCIMENTO, Amauri Mascaro. *O salário no direito do trabalho*. São Paulo: LTr , 1975.

_____. *Teoria jurídica do salário*. São Paulo: LTr , 1997.

PASTORE, José. 101 propostas para modernizar a CLT. *Estadão*, São Paulo, 18 dez. 2012, Economia & Negócios. Disponível em: <http://economia.estadao.com.br/noticias/geral,101-propostas-para-modernizar-a-clt-imp-,974997>. Acesso em: 23 mar. 2015.

PRADO, Luiz Regis. Curso de direito penal brasileiro. 3. ed. São Paulo: Editora *Revista dos Tribunais*, 2002. V.1.

RIPERT, Georges. *A regra moral nas obrigações civis*. Tradução de Osório de Oliveira. 2. ed. Campinas: Bookseller Editora e Distribuidora, 2002.

SANDEL, Michael J. *O que o dinheiro não compra. Os limites morais do mercado*. Tradução de Clovis Marques. 1. ed. Rio de Janeiro: Civilização Brasileira, 2012.

SARLET, Ingo Wolfgang (Org). *O Conceito de dignidade humana*: substrato axiológico e conteúdo normativo. Constituição, direitos fundamentais e direito privado. Porto Alegre: Livraria do Advogado, 2003.

SARMENTO, Daniel. *Direitos fundamentais e relações privadas*. 2. ed. Rio de Janeiro: Editora Lumen Juris, 2006.

SARMENTO, Daniel; IKAWA, Daniela; PIOVESAN, Flávia (Coord). *Igualdade, diferença e direitos humanos. Redistribuição, reconhecimento e participação*: por uma concepção integrada da justiça. Nancy Fraser. Rio de Janeiro: Editora Lumen Juris, 2008.

SILVA, Luiz de Pinho Pedreira da. *Principiologia do Direito do Trabalho*. 2. ed. São Paulo: LTr , 1999.

SILVA, Virgílio Afonso da. *A constitucionalização do direito*: os direitos fundamentais nas relações entre particulares. São Paulo: Malheiros Editores, 2005.

SOUTO MAIOR, Jorge Luiz; MOREIRA, Ranúlio Mendes; SEVERO, Valdete Souto. *Dumping social nas relações de trabalho*. 2. ed. São Paulo: LTr , 2014.

SOUZA NETO, Claudio Pereira de; SARMENTO, Daniel. (Coord). *Direitos sociais*: fundamentos, judicialização e direitos sociais em Espécie. Rio de Janeiro: Editora Lumen Juris, 2010.

SÜSSEKIND, Arnaldo; MARANHÃO, Délio; VIANNA, Segadas; TEIXEIRA FILHO, João de Lima. *Instituições de Direito do Trabalho*. 22. ed. São Paulo: LTr , 2005. V.1.

TOMAZETE, Marlon. *Curso de direito empresarial*: falência e recuperação de empresas. 2. ed. São Paulo: Atlas, 2012. V. 3.

VENOSA, Silvio de Salvo. *Teoria geral do direito civil*: parte geral. 3. ed. São Paulo: Editora Atlas, 2003.

VIEIRA, Oscar Vilhena. *Direitos fundamentais*: uma leitura da jurisprudência do STF. São Paulo: Editora Malheiros, 2006.

WALD, Arnoldo. *Obrigações e contratos*. Curso de Direito Civil Brasileiro. 11. ed. São Paulo: Saraiva, 1994. V. 2.

WALZER, Michael. *Esferas da justiça*. Tradução de Jussara Simões. São Paulo: Martins Fontes, 2003.

ZAVASCKi, Teori Albino. Processo coletivo: tutela de direitos coletivos e tutela coletiva de direitos. 5. ed. São Paulo: Editora Revista dos Tribunais, 2011.